Fantastica Ciociaria

Atlante di Preistoria Arte Leggende Miti Curiosità
Miracoli Misteri Luoghi Strani e Fatti Incredibili

Salvatore M. Ruggiero

(Del confine della Ciociaria) ...figura di un rettangolo limitato 1) a nord-ovest, da Velletri, Palestrina, Subiaco; 2) a nord-est, da Subiaco, Tagliacozzo, Civita d'Antino, Sora, Atina, Sant'Elia sul fiume Rapido o Gari, che, affluendo nel Liri, dà origine al Garigliano; 3) a sud-est da Sant'Elia sul fiume Rapido o Gari, Monte Massico, Sessa Aurunca; 4) a sud-ovest dal Mar Tirreno.

(Cipolla C., *Il territorio della Ciociaria*, in *La Ciociaria*, I, 1924.)

Presentazione

La maggior parte degli storici oggi considera Ciociaria quella larga fascia di terra, praticamente una sub regione, che dalla campagna romana si estende fino al casertano, e dai monti dell'Abruzzo e del Molise va verso il mar Tirreno e si stende da Formia, attraverso Gaeta, Fondi, Sperlonga, Terracina, fino a San Felice al Circeo. Essa affonda le sue radici storiche nell'era pre romana, la cd. *Eta dell'Oro*, prima che fosse abitata e dominata dai popoli autoctoni: i Volsci, gli Equi, i Marsi, gli Ernici e gli Ausoni o Aurunci. La Ciociaria è terra straordinaria, ricca di storia, tradizioni, riti, curiosità, arte, archeologia, paleoantropologia, architettura, leggende e miti. Ogni giorno il mio desiderio di conoscerla e di saperne di più mi porta a scoprire cose nuove sulla mia terra. La Ciociaria è anche ricca di curiosità, stranezze e suggestioni che affondano le radici nella notte dei suoi tempi, e ancora oggi, colpiscono l'immaginario dei suoi abitanti, stuzzicando la curiosità dei visitatori, costituendo oggetto di continue e profonde indagini da parte degli studiosi, non solo del mistero. Non esiste paese, borgo o località della terra ciociara che non conservi una propria leggenda, un suo mito, una propria storia misteriosa o un fatto di portata straordinaria che non sia stato tramandato oralmente, di generazione in generazione attraverso i cd. *cunti* o, anche in forma scritta. Nasce da queste poche considerazioni la molla che mi ha spinto a scrivere questo ennesimo libro sulla mia terra, nel quale fornisco un atlante di preistoria arte leggende miti curiosità miracoli misteri luoghi strani e fatti

5

incredibili della Ciociaria. Prima di procedere *in medias res*[1] mi pare il caso di spiegare cosa significhi la parola leggenda e cosa la parola mito, visto che taluni, frettolosamente, ancora tendono a confondere le due cose. La parola Leggenda indica un tipo di racconto molto antico, come la favola e la fiaba, che fa parte del patrimonio culturale di un popolo, appartenente alla sua tradizione orale e mescola, nella narrazione, il reale al meraviglioso. Il termine deriva dal latino *legenda* che significa *cose che devono essere lette, cose degne d'essere lette* e con questo termine, un tempo, si voleva indicare il racconto della vita di un santo e soprattutto il racconto dei suoi miracoli. In seguito la parola acquistò un significato più esteso e oggi indica qualsiasi racconto che presenti elementi di partenza reali, ma in seguito trasformati dalla fantasia; qualsiasi racconto che sia stato tramandato per celebrare fatti o personaggi fondamentali per la storia di un popolo, oppure per spiegare qualche caratteristica dell'ambiente naturale e per dare risposta a domande e quesiti. Le leggende, pertanto, si rivolgono alla collettività, come i miti e spiegano l'origine di qualche aspetto dell'ambiente, le regole e i modelli da seguire, certi avvenimenti storici, allo scopo di rinsaldare i legami d'appartenenza alla comunità. La parola Mito, che deriva dal greco antico μῦθος, *mỳthos,* è una narrazione investita di sacralità relativa alle origini del mondo o alle modalità con cui il mondo stesso e le creature viventi hanno raggiunto la forma presente in un certo contesto socio-culturale o in un popolo specifico. Di solito tale narrazione riguarda dei ed eroi come protagonisti delle origini del mondo in un contesto

---

1 La locuzione latina significa *nel mezzo della cosa, dell'argomento* (Orazio, *Ars poetica,* v. 148).

soprannaturale. Spesso le vicende narrate nel mito, e tramandate oralmente, hanno luogo in un'epoca che precede la storia scritta. Dicendo che il mito è una narrazione sacra s'intende che esso viene considerato verità di fede e che gli viene attribuito un significato religioso o spirituale. Ciò naturalmente non implica che la narrazione sia vera, né che sia falsa. Al tempo stesso il mito è la riduzione narrativa di momenti legati alla dimensione del rito, insieme al quale costituisce un momento fondamentale dell'esperienza religiosa volta a soddisfare il bisogno di fornire una spiegazione a fenomeni naturali o a interrogativi sull'esistenza e sul cosmo. Esistono tre tipi diversi di mito: i miti cosmogonici[2], i miti eziologici[3] e i miti storici. La disciplina che studia i miti è la mitologia. Mi piace concludere la presentazione di questo libro con le parole di William Somerset Maugham[4]: *La tendenza del mito è innata nella razza umana. E' la presenza romantica contro la banalità della vita quotidiana.*

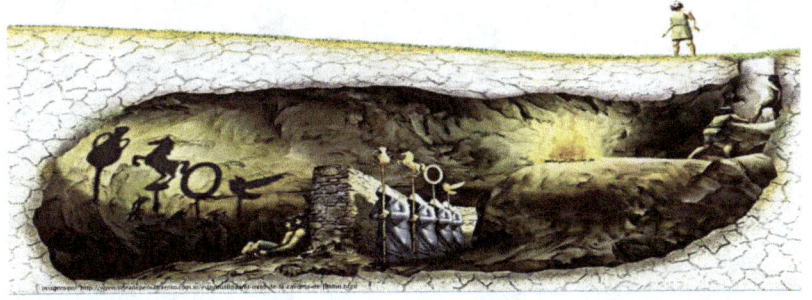

---

2 Dal greco *κοσμογονία*: *nascita del cosmo*, indica i miti riguardanti l'origine dell'universo.

3 Dal greco *αἰτία*: *causa* e *λόγος*, *parola*, è la parte della scienza che si occupa di ricercare le cause che provocano certi fenomeni.

4 William Somerset Maugham è stato uno scrittore e commediografo britannico.

Il dio Saturno e l'Età dell'Oro nel Lazio

Il primo mito legato alla Ciociaria di cui si ha conoscenza riguarda, naturalmente, Saturno, l'equivalente latino del titano greco Crono, padre di Giove, dal quale fu scacciato dall'Olimpo e mandato in esilio. La leggenda narra che dopo tanto girovagare il dio si rifugiò nel Lazio[5], dove ricevette l'ospitalità dell'altro dio locale Giano. Insieme, e per un lungo periodo, i due dei regnarono sul Lazio, dando inizio alla cd. Età dell'Oro, un'epoca pacifica e di progresso. Un tempo mitico di prosperità e abbondanza. L'espressione italiana ricalca il latino *aurea aetas*.

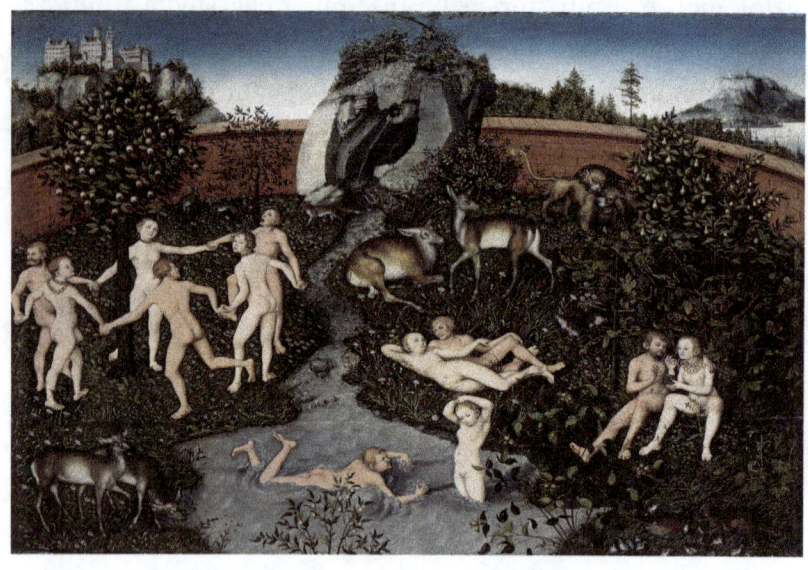

L'età dell'oro di Lucas Cranach il Vecchio, dipinto del 1530.

---

[5] Secondo un'interpretazione diffusa, l'etnonimo deriverebbe dal latino *latus*, ovvero *esteso*, in riferimento al suo territorio pianeggiante; secondo altri, invece, dal verbo latino *latere* che significa *essere nascosto, essere riparato;* Saturno, infatti, vi si nascose da Giove.

Con la definizione di *Città Saturnie* si fa, infatti, riferimento a cinque città della provincia di Frosinone unite nell'archeologia dell'Ottocento per una comune mitica fondazione da parte del dio Saturno durante l'Età dell'Oro: Alatri, Anagni, Arpino, Atina e Ferentino (detta altrimenti Antino). Particolare curioso e costituito dalla circostanza che le cinque città sono caratterizzate da imponenti cinte di mura megalitiche poligonali, su cui poi si sono sviluppati i centri medievali. Sempre secondo la leggenda, durante l'Età dell'Oro gli esseri umani vivevano senza bisogno di leggi. Non esisteva la proprietà privata, non c'era odio tra gli individui e le guerre non flagellavano il mondo. Era sempre primavera e il caldo e il freddo non tormentavano la gente, perciò non c'era bisogno di costruire case o di ripararsi nelle grotte. Con il definitivo avvento di Giove finisce l'Età dell'Oro e ha inizio l'Età dell'Argento. Saturno era raffigurato come un anziano barbuto, vestito con un mantello e con in mano una falce. Si riteneva che fosse molto saggio e sapiente e che avesse insegnato ai popoli laziali l'agricoltura. Fino al giorno in cui sarebbe improvvisamente scomparso, causando la decadenza progressiva dell'umanità. Già in antichità lo si riteneva proveniente dalla Grecia il che denuncia l'inizio di una precocissima ellenizzazione del Lazio. Particolare molto significativo è che i sacrifici a lui dedicati erano eseguiti nel modo greco, ossia secondo il *graeco ritu,* ovvero a capo scoperto, *capite aperto.* Altra caratteristica peculiare di questa divinità consiste nel fatto che la sua immagine culturale era rappresentata con i *compedes,* i lacci di lana con i quali si cingevano i piedi. Qualcuno fa notare che la caratteristica dei *compedes* è propria degli schiavi. Le festività del dio, erano dette *Saturnalia*, ed erano celebrate a partire dal giorno 17 del mese di dicembre. Questo giorno prevedeva la totale libertà per gli schiavi i quali potevano perfino banchettare con i loro padroni, da cui, in alcuni casi estremi, venivano anche serviti e riveriti. Tali caratteri indicano in Saturno una divinità, e quindi una festività, che promuove la trasgressione dell'ordine vigente allo scopo di generare una mancanza di regole, condizione grazie alla quale si può, con l'anno nuovo alle porte, rigenerare l'ordine appena perduto che procede sotto la *dignitas* di Giove.

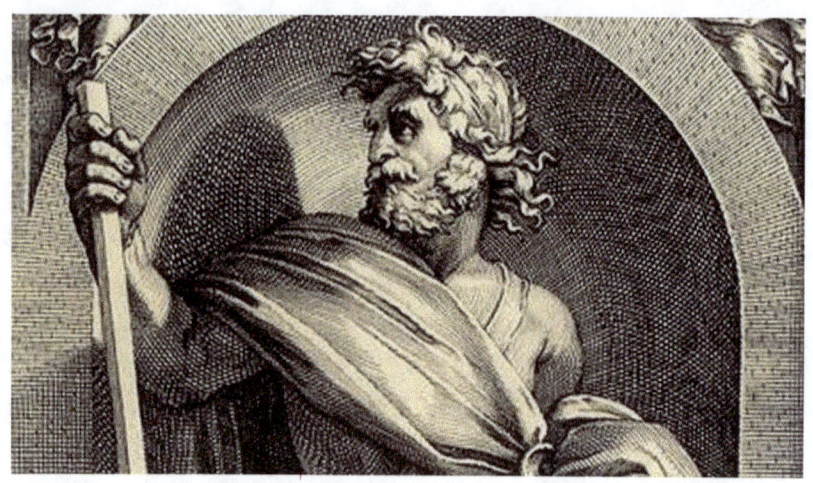

La mitica Ausona a Castelnuovo Parano

La fortificazione in opera poligonale di *Maceralonga* si affaccia su uno scenario spettacolare che domina la Valle del Liri-Garigliano. Le mura megalitiche sono ubicate per esattezza nel territorio di Castelnuovo Parano FR, in provincia di Frosinone, quasi sulla linea di confine col comune di S. Giorgio a Liri. Si tratta dei resti di una cinta megalitica preromana ancora quasi sconosciuta a molti esperti e appassionati, in quanto scoperta solo nel giugno del 2005 dall'archeologo Massimo Lauria. Ad oggi, sono le ultime mura poligonali censite in Italia e racchiudono un'area archeologica ancora tutta da conoscere e da studiare. Qualcuno avanza addirittura la possibilità che possa trattarsi dei resti fortificati della leggendaria *Ausona*[6], una delle cinque città della mitica Pentapoli Aurunca.

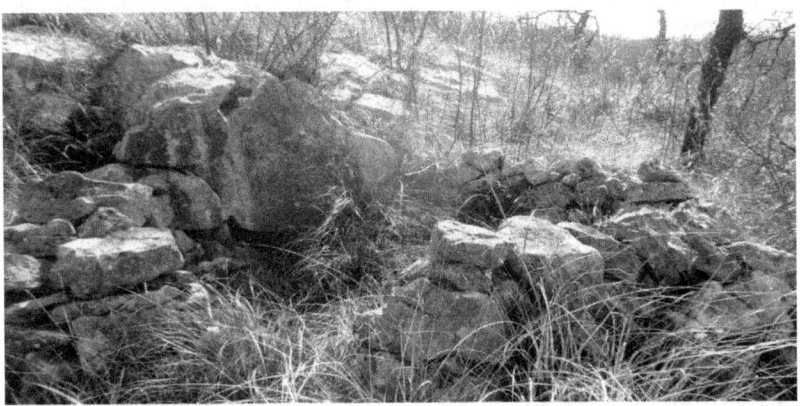

Nella foto dell'autore si vede un tratto della fortificazione a mura poligonali di Maceralonga.

---

6 Antica città del popolo italico degli Osci Ausoni, di difficile localizzazione. Alleata dei Capuani, venne distrutta dai Romani nel 314 a.C..

Il circuito, composto da *allineamenti discontinui di mura in opera poligonale*, lungo ca. 1.300 metri ed esteso ben 7 ettari, che il Lauria definisce di forma *ameboide,* si raggiunge con un agevole sentiero che parte dal rione *Casali* di Castelnuovo Parano, verso l'area attrezzata a picnic, e offre al visitatore una notevole possanza strutturale aggiunta a una buona conservazione. *Al suo interno sono state rinvenute zone ad alta concentrazione di elementi fittili... materiale databile a partire dall'età arcaica fino alla fase di romanizzazione*[7].

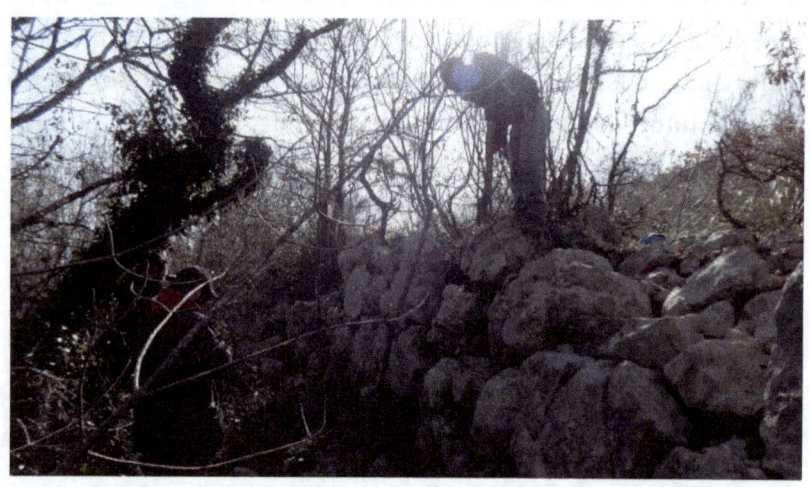

Nella foto dell'autore si vede un tratto della fortificazione di Maceralonga.

Il sito, di grande interesse naturalistico e storico-archeologico, si presenta come un luogo di arroccamento e difesa degli insediamenti vallivi preromani gravitanti intorno alla Valle del Liri, perfettamente inserito in un sistema di intervisibilità con i circostanti centri fortificati

[7]   Massimo Lauria, *Il centro fortificato preromano di Colle Santa Lucia Maceralonga nei territori di San Giorgio a Liri e Castelnuovo Parano.*

d'altura. Ancora oggi si impone sul naturale corridoio di collegamento tra l'entroterra appenninico e il litorale tirrenico, con il ruolo di fondamentale punto di sbarramento per le popolazioni dirette verso il territorio degli Aurunci. Una funzione svolta sin dal V secolo a.C., in concomitanza con la pressione esercitata sull'area da popolazioni osco-sannitiche, intensificata dalle mire espansionistiche sannitiche e romane; in seguito alla totale romanizzazione del Lazio meridionale le mura persero definitivamente il loro ruolo strategico e difensivo venendo abbandonate.

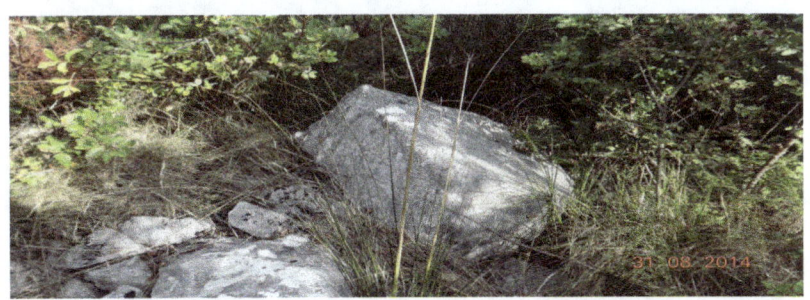

Nelle due foto dell'autore si vedono i grandi massi squadrati della cinta muraria.

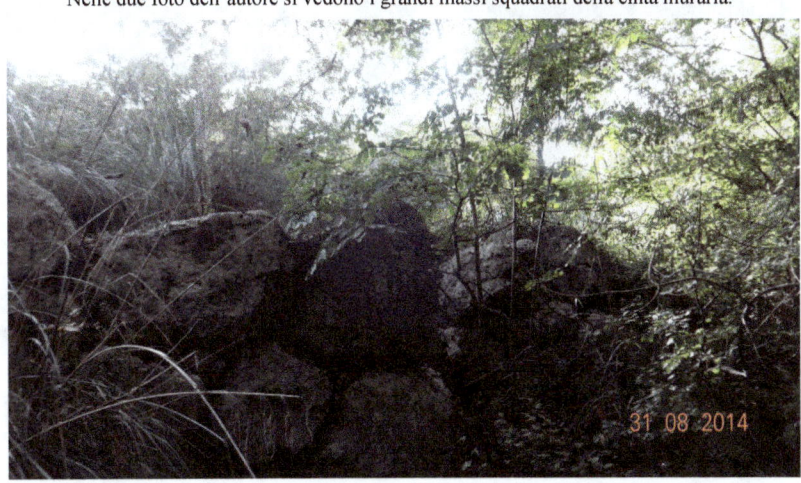

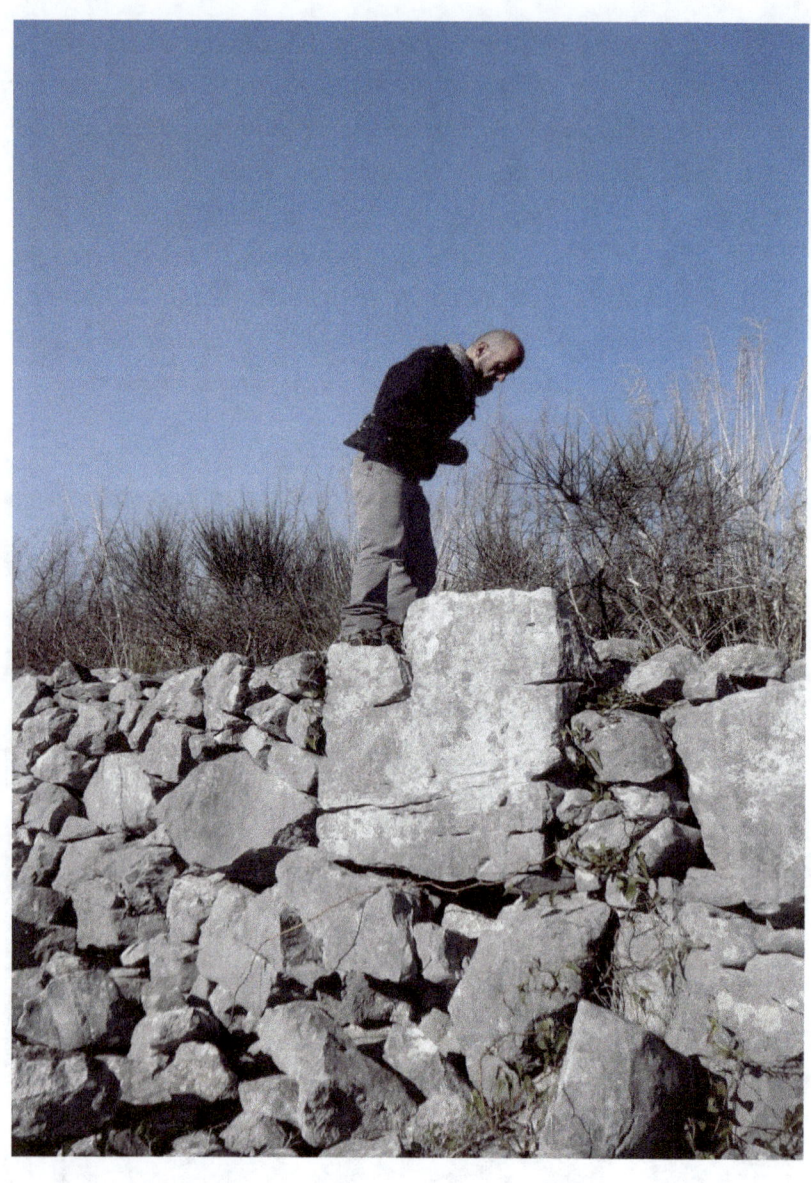

Nella foto dell'autore si vede un significativo tratto del circuito di Macerlonga, con un possente masso sormontato dallo scopritore del sito, l'archeologo Massimo Lauria.

Alcuni scavi archeologici più recenti hanno permesso di rinvenire nel sito attrezzi in metallo, resti di manufatti in terracotta e altre calcare. Mentre frammenti di *dolia*[8] sono stati anche rinvenuti nei muri di alcune abitazioni vicine.

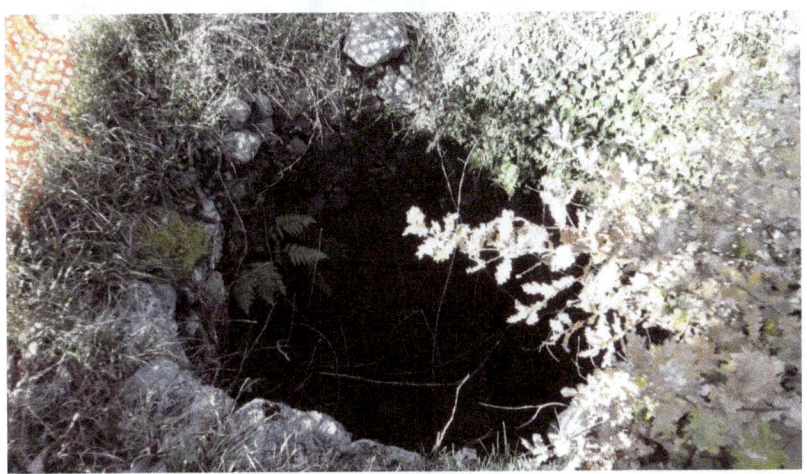

Nella foto dell'autore si vede la tipica bocca di una antica calcara.

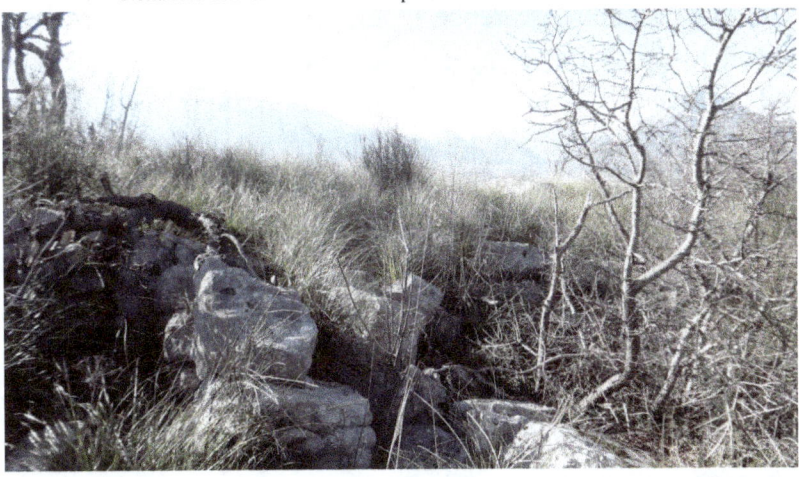

Nella foto dell'autore un tratto della fortificazione colonizzato dalla vegetazione mediterranea.

---

8 I *dolia*, al singolare *dolium*, sono dei contenitori di argilla da trasporto di grandi dimensioni.

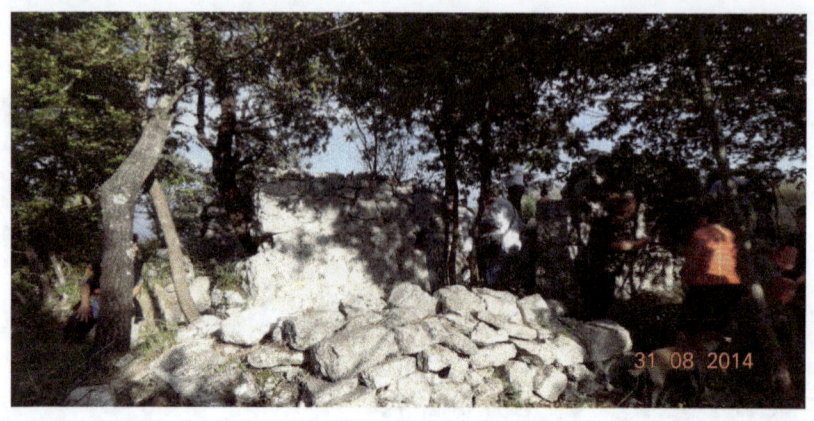

Nei pressi del circuito fortificato di Maceralonga sorge, cinta da alcuni tratti di mura dell'abitato arcaico, la piccola chiesetta rurale dedicata a Santa Lucia, attualmente allo stato di rudere, ma segnalata sulla cartografia storica come punto di interesse religioso ancora fino al XVIII secolo. La presenza di questo edificio cristiano lascerebbe ipotizzare la più antica presenza di un luogo di culto pagano preesistente. Per raggiungerla si sale a piedi lungo un serpeggiante tratturo naturale che costeggia in parte il circuito della fortificazione e porta in cima al colle omonimo sulla cui sommità si trova il rudere. *Situata su una rigogliosa terrazza naturale affacciata sulla vallata sottostante, la cappella si offre allo stato di romantico rudere immerso nella tipica vegetazione mediterranea. Sulla facciata principale è possibile osservare ancora il vano d'ingresso, seppur privo dell'architrave e dell'anta sinistra; uno dei più interessanti fra i blocchi calcarei divelti è quello sagomato a timpano, evidentemente utilizzato come architrave o soglia del portale d'accesso alla cappella. Con la sua abside perfettamente semicircolare e l'imposta del catino ben*

conservata presenta interessanti spunti per cultori della materia e amanti di suggestivi e nascosti angoli di Medioevo.

Nel pittoresco piccolo borgo collinare di Castelnuovo Parano non ci sono da vedere soltanto le mura megalitiche. Meritano una visita anche il rione *Casali* con i suoi vicoli, piazzette, supportici, profferli, scalinate, archi e balconi tipici dell'architettura popolare del tardo medioevo, e per la Villa Cicchelli, con la sua elegante architettura e il suo ampio giardino italiano ben disegnato e coltivato; il rione *Terra*, dove si possono vedere i ruderi del castello medievale edificato nel 1059 per ordine di Desiderio, abbate di Montecassino e quello che resta della sua torre e delle fortificazioni; infine, la Chiesetta di Santa Maria di Costantinopoli, pregevole esempio di architettura religiosa rurale, edificata nel 1636 e perfettamente conservata, nonostante i duri bombardamenti della seconda guerra mondiale.

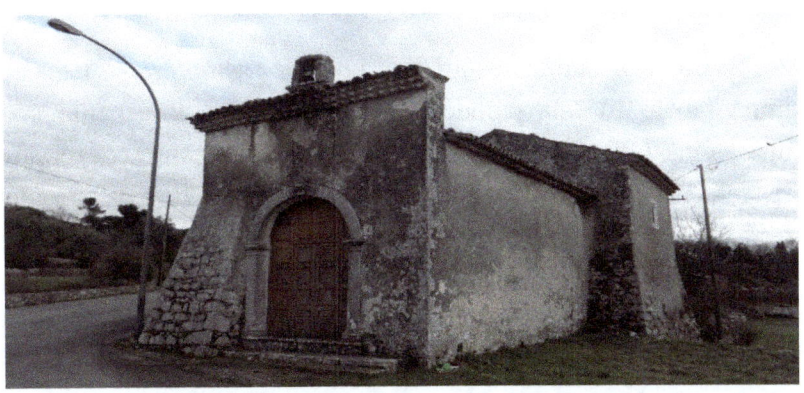

La Chiesetta di Santa Maria di Costantinopoli edificata nel 1636.

Pachidermi vissuti 400.000 anni fa ad Anagni

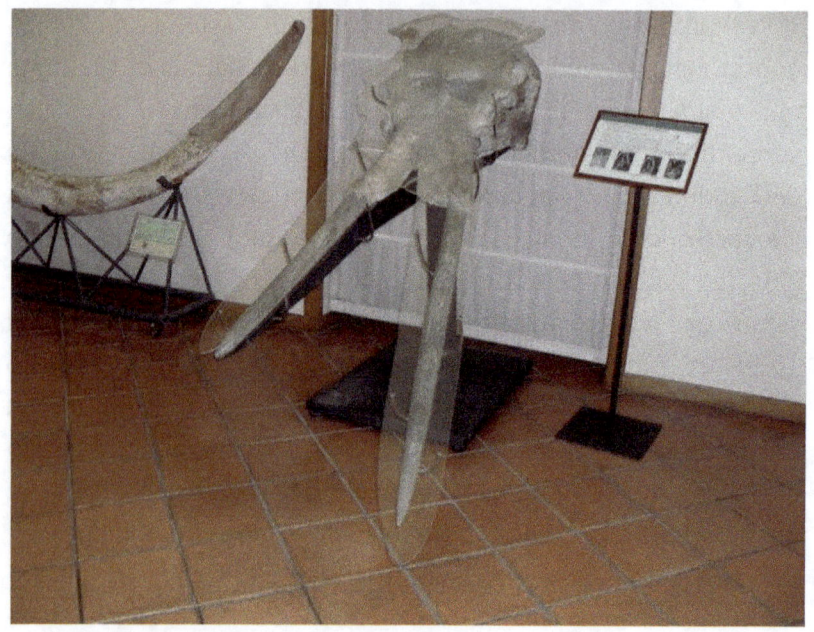

Si tratta in buona sostanza di un *Elephas antiquus,* rimasto impantanato in una palude durante il Pleistocene medio con una zanna lunga oltre tre metri quasi perfettamente conservata risalente al periodo in cui anche il territorio di Anagni era una terra *africana* di elefanti. Fece la sua comparsa sulla Terra circa 550.000 anni fa e si estinse 70.000 anni fa. Era fra le specie più diffuse in Europa meridionale, quindi anche in Italia: il *Palaeoloxodon antiquus,* ben più grande dei pachidermi attuali, viveva in foreste o in praterie ricche di macchie di alberi decidui. Alcuni ritrovamenti indicano anche una penetrazione nelle foreste di conifere della fascia temperata. Il territorio di

Anagni, nel periodo compreso tra il Pleistocene medio e quello superiore, era caratterizzato proprio da questo tipo di foreste. E' qui, precisamente in località Fontana Ranuccio, alla periferia della città dei Papi, che i ricercatori dell'Istituto Italiano di Paleontologia Umana, diretti dal prof. Stefano Grimaldi, hanno rinvenuto una zanna lunga oltre tre metri e altri resti ossei di questo antico elefante, alcuni dei quali ancora in connessione. Una scoperta importante perché consente di effettuare uno studio esaustivo della variabilità dimensionale e morfologica di questa specie di animale e di compararne le caratteristiche con quelle delle specie viventi. In questo prezioso giacimento paleontologico sono stati rinvenuti anche straordinari reperti risalenti allo stesso periodo: ossa di bue primigenio, lupo, rinoceronte, cervo e altri animali, le cui carni, probabilmente, furono utilizzate come risorsa alimentare dall'*Homo Heidelbergensis* antenato dell'*Homo di Neanderthal.* mezzo milione di anni fa la campagna anagnina era davvero una terra *africana* popolata di elefanti, e per il clima, la varietà del suo ambiente, la ricca vegetazione, la presenza di corsi d'acqua e soprattutto di aree paludose permise ad una fauna ricca e diversificata di prosperare. Una storia ciociara tutta da scrivere e che fa il paio con il ritrovamento, altrettanto importante, avvenuto quasi un secolo fa del cranio con relative zanne di *Elephas antiquus italicus*, proveniente dal giacimento pleistocenico di Pignataro Interamna, nella bassa valle del Liri, sempre in provincia di Frosinone. Si ritiene appartenente a un individuo non giunto ancora a completo sviluppo e può essere considerato un reperto significativo di questa specie in quanto completo e ben conservato. I numerosi esemplari di proboscidati ritrovati in

Italia testimoniano la grande diffusione che l'*Elephas antiquus* raggiunse nel Pleistocene in tutte le vallate fluviali dell'Appennino e dell'intera area sud europea. Questa specie faceva parte, assieme a numerosi altri animali, quali bovini (*Bos primigenius*, *Bison priscus*), ippopotami, rinoceronti (*Dicerorhinus merki*, *D. hemithoeus*) leoni, leopardi, orso bruno, di una tipica fauna di clima caldo, diversa da quella che attualmente caratterizza le nostre regioni. Nel cranio dell'esemplare esposto sono ben visibili le cavità orbitali dove alloggiavano gli occhi, la grossa cavità centrale corrispondente ai fori nasali fusi in un'unica apertura da cui aveva origine la proboscide e le due zanne ancora ben saldate al cranio. La particolare conformazione del cranio con fori nasali fusi in unica apertura al centro della fronte e il loro frequente rinvenimento nelle grotte e nei terreni dell'Europa mediterranea fu senza dubbio il substrato empirico che ha alimentato in tempi passati la nascita di miti e leggende.

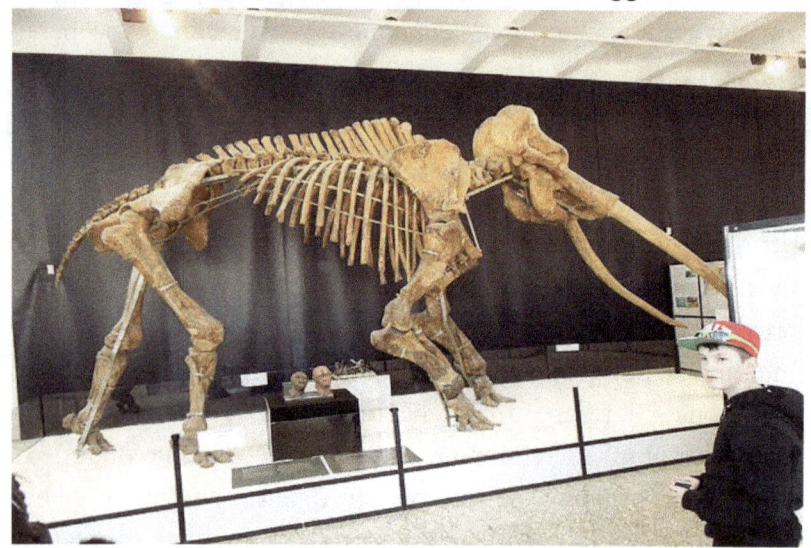

Argil: un uomo primitivo a Ceprano

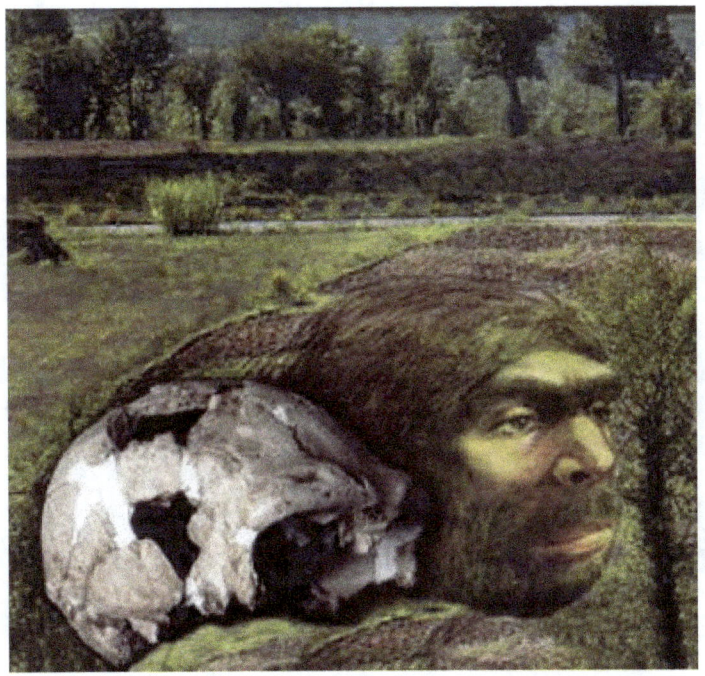

I resti del cranio di Argil, uno straordinario reperto archeologico.

Nel territorio di Ceprano, per popolazione la tredicesima città della Ciociaria, nel 1994 fu scoperto un reperto archeologico umano di epoca preistorica. Denominato *Argil*, perché era stato conservato in uno strato d'argilla. I resti fossili sono abbastanza ben conservati, sebbene la scatola cranica sia incompleta. Il cranio è stato datato, in una prima fase degli studi, in un intervallo compreso fra gli 800 e 900mila anni fa. Gli studi successivi, ancora in corso, attribuiscono più ragionevolmente al reperto un'età di circa 500.000 anni, che ne fanno comunque uno degli uomini di Neanderthal più antichi d'Europa. Adesso

Argil è conservato presso il Museo Archeologico di Pofi (FR) denominata anche la città dei fiori.

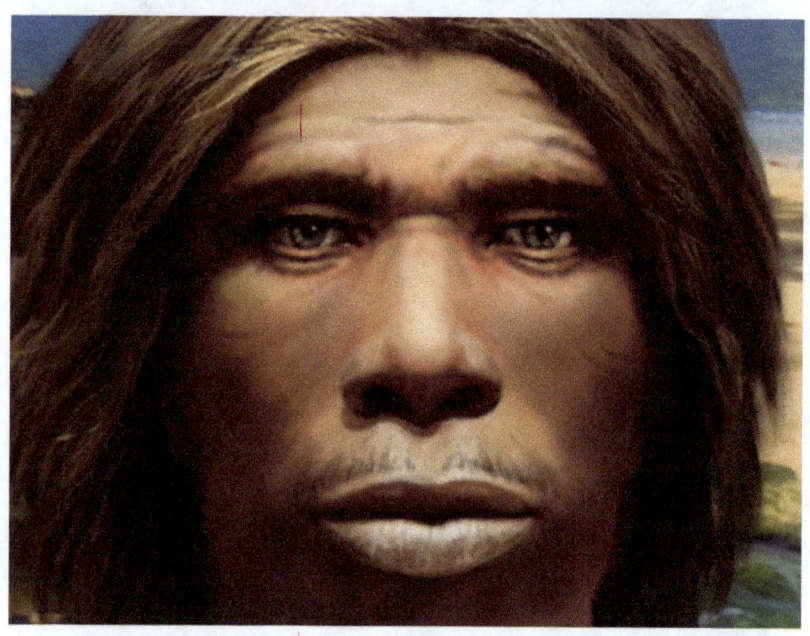

Sono da vedere nei dintorni i resti dell'antica città di *Fregellae* e il parco archeologico. Un esempio di archeologia industriale, l'antica Cartiera *Vita Mayer*, costruita nella prima metà del XIX secolo e attiva fino quasi agli inizi degli anni '70. E non era nemmeno l'unica, lungo le sponde del biondo Liri, giacché da una relazione scritta dal prefetto napoleonico *de Tournon,* nel 1809, risulta che nel Lazio vi fossero già undici cartiere funzionanti. Nel 1830 si ricordano funzionanti circa cento opifici, di cui circa metà adatti a produrre carta da imballo. Nel 1876 vi lavoravano settantasei operai.

Il fantasma del Castello Longhi a Fumone

Se vai a Fumone cogli il girasole che segnò il tempo a secoli di fame. Cantava Libero de Libero nella sua ode *Ascolta la Ciociaria.*

Il piccolo borgo di Fumone lega il suo nome al centro storico, perfettamente conservato e restaurato, e al Castello Longhi, ricco di storia e scrigno di memorie dell'intera ciociaria.

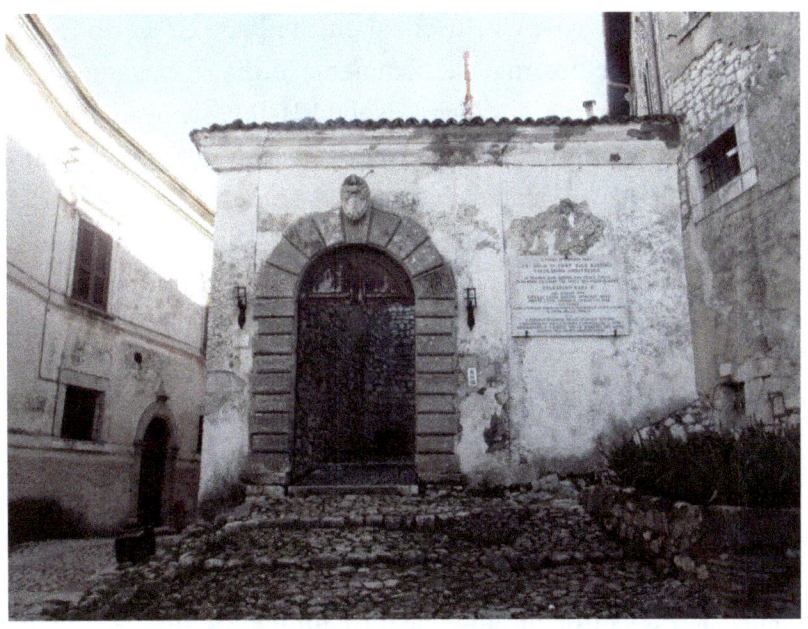

Nella foto l'ingresso del castello Longhi di Fumone, FR.

Il Castello Longhi di Fumone è stato la principale fortezza militare dello Stato Pontificio del basso Lazio e, per la sua particolare collocazione strategica fu usato, tra l'XI e il XVI secolo, come punto di avvistamento. Le fumate che venivano prodotte dall'alta torre comunicavano in tutta la Campagna e Marittima che i nemici stavano percorrendo la Via Casilina e avvertivano la popolazione di trovare un rifugio. Da ciò nacque l'adagio popolare: *Si Fumo fumat, tota Campania tremat, Quando Fumone fuma, tutta la campagna trema*, e anche il nome del paese. Grazie alla sua posizione strategica, Fumone si rivelò nella storia una fortezza inespugnabile e furono vani i tentativi di conquista anche da parte di Federico Barbarossa ed Enrico VI di Svevia. Ci riuscì solamente Papa Gregorio IX nel tredicesimo secolo, ma pacificamente e dietro pagamento di una ingente somma di denaro. Nel 1121 il castello di Fumone fu luogo di prigionia e di morte per Maurizio Bordino, l'antipapa francese conosciuto con il nome di Gregorio VIII, che venne condotto a Fumone da papa Callisto II. L'episodio più importante avvenne 1295 quando fu fatto prigioniero nel castello il papa Celestino V. Dopo una prigionia durata dieci mesi, vi morì il 19 maggio del 1296. Nel corso del 1500 la fortezza perse parte della sua importanza militare e senza lavori di manutenzione decadde. Nel 1584 il papa Sisto V decise che l'edificio doveva essere conservato come luogo di memoria storica, essendovi morto Celestino V, e lo affidò a una nobile famiglia di Roma: i Marchesi Longhi. Il castello di Fumone venne nel corso degli anni trasformato dalla famiglia Longhi. in una vera e propria residenza. Ancora oggi è una proprietà privata abitata dagli attuali eredi del casato. Il castello conserva nel suo museo stabile interessanti reperti archeologici e comprende anche un giardino pensile, realizzato dalla famiglia Longhi nel '600. Il giardino sospeso, ricavato dall'unificazione dei camminamenti di ronda, dei fossati e dei quattro torrioni interni, è uno dei rari esempi nel suo genere in Europa, ed è tipico dell'arte del giardino classico all'italiana. Per la sua estensione è ritenuto il più grande d'Europa tra quelli che si trovano a un'altitudine uguale o superiore agli 800 metri sul livello del mare. Nel castello sono stati preservati due luoghi, nel piano nobile, riconducibili a papa Celestino V. Uno è la cappella costruita nel XVIII secolo in sua memoria. L'altro, attiguo alla cappella, è la cella dove venne rinchiuso e dove l'ex Papa trascorse gli ultimi dieci mesi di vita, praticamente murato vivo. Nel 1966 papa Paolo VI ha visitato questi luoghi e ha deposto nel castello una croce votiva in memoria e in onore del suo predecessore Celestino V.

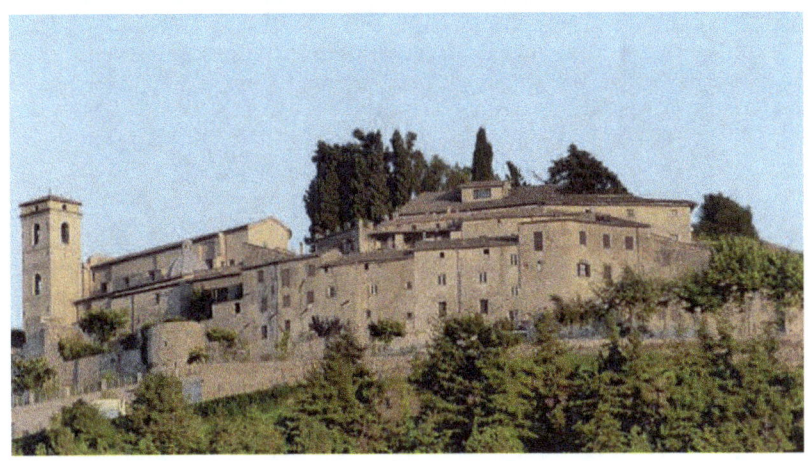

Nella foto scorcio del centro Storico di Fumone e il Castello Longhi.

Nel 1990, Stefano e Fabio de Paolis, gli attuali proprietari del castello, lo hanno aperto al pubblico: si effettuano visite guidate nella prigione di papa Celestino V, nel giardino pensile e nel piano nobile. Durante la visita è possibile ascoltare il racconto della misteriosa vicenda del marchesino Francesco Longhi che, dopo sette sorelle, era il figlio più piccolo ed unico erede maschio al trono. Le sorelle, vedendo nel marchesino un nemico e per paura di perdere l'intero patrimonio, iniziarono ad escogitare un piano per eliminare il piccolo fratello. L'unica strada era l'avvelenamento, così iniziarono a porre all'interno del cibo del marchesino dei pezzettini di vetro che a lungo andare causarono la sua morte. La madre, impazzita per l'immenso dolore ordinò di togliere tutti i ritratti che ritraevano espressioni felici e fece dipingere mobili e ritratti di nero. Inoltre, non accettò di farlo seppellire e decise di farlo imbalsamare: il corpo del bambino è, ancora oggi, custodito in un macabro *secretaire* che si trova nell'archivio gentilizio.

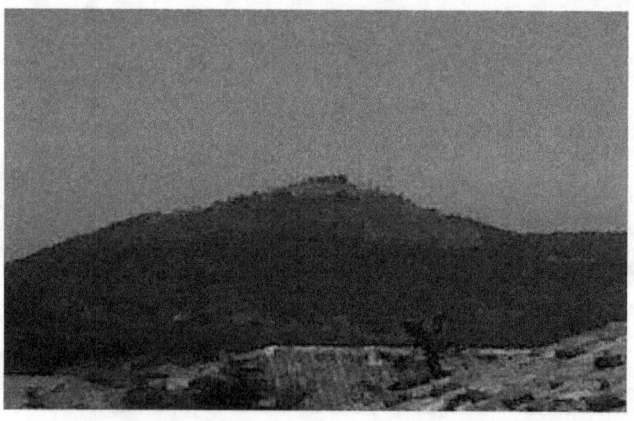

Nella foto dell'autore Fumone vista dall'acropoli di Alatri.

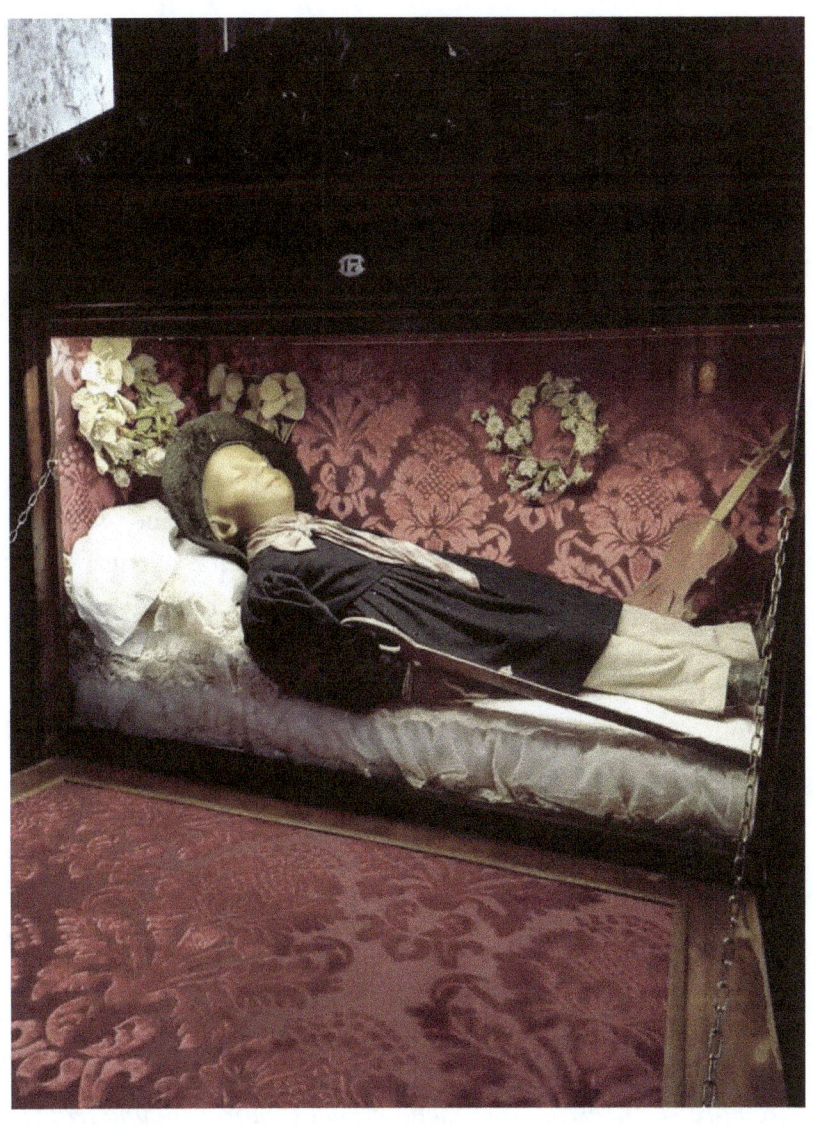

Il pozzo d'Antullo a Collepardo.

Situato in una radura all'ombra dei Monti La Monna e Rotonaria, si trova una immensa dolina denominata il Pozzo d'Antullo. Una vera e propria meraviglia della natura, formatasi per via dello sprofondamento della volta in un'ampia caverna, dalle enormi proporzioni: diametro superiore 140 m, perimetro superiore 370 m, profondità 60 m. Il Pozzo d'Antullo rappresenta certamente uno dei più grandi esempi al mondo di dolina formatasi per crollo, superando nelle dimensioni il celebre *gouffre de Padirac*, in Francia. Camminando lungo il sentiero che lo circonda, si può osservare tutta la sua sinistra magnificenza: una voragine carsica, quasi baratro infernale, dalle cui pareti pendono cortine di stalattiti, mentre il suo fondo è ricoperto da una ricca vegetazione arborea. Fino a qualche decennio fa, per dare seguito ad un'antica tradizione, vi venivano calate le pecore che erano lasciate per mesi a pascolare sul ricco fondo erboso. Il piu' illustre viaggiatore *ciociaro*, Gregorovius cosi racconta del pozzo d'Antullo nel suo celeberrimo *Pellegrinaggi in Italia[9]*: *Il pozzo, mi dissero, era una volta una grande aia circolare; i contadini un giorno osarono battervi il grano benché si solennizzasse l'Assunzione della Beata Vergine. La Madonna adirata di quel sacrilegio fece sprofondare ad un tratto l'aia con tutto ciò che vi si trovava sopra e così si formò il pozzo circolare. Del resto, non essendovi nei dintorni alcuna traccia di vulcani, potrebbe essere giusta l'opinione di alcuni che suppongono che il pozzo fosse una caverna di cui sia*

---

[9] Titolo originale dell'opera: *Wanderjahre in Italien*.

sprofondata la volta. La bellezza terrificante di questo luogo ha da sempre ispirato curiose leggende. In una di esse narra che nel luogo ove è il Pozzo d'Antullo, un tempo ci fosse un'aia, e qui alcuni contadini miscredenti, non onorando la festività dell'Assunta, vollero battere il grano anche in questo giorno sacro, allora la divina provvidenza per punirli fece sprofondare l'aia, dando vita alla dolina.

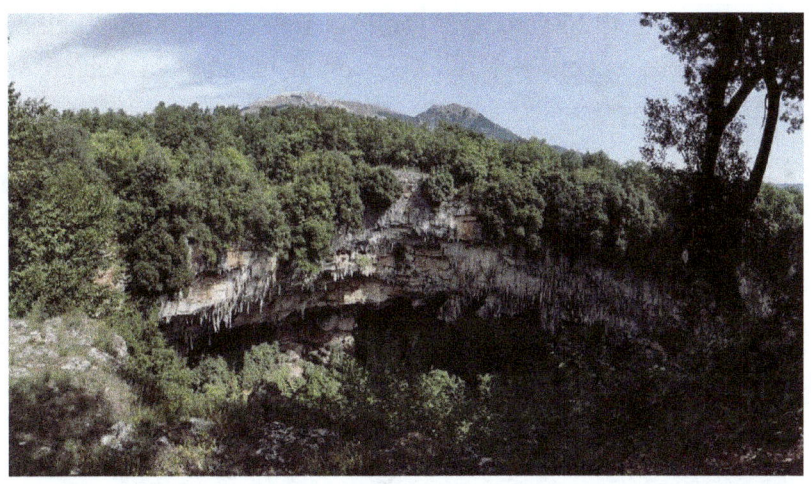

Questa leggenda fa il paio con un'altra antica leggenda, nata per circostanze narrate praticamente in modo identico, il cui racconto ho udito, fin da bambino, dai vecchi del mio paese: lo sprofondamento della cd. *Catafossa,* un baratro che si trova ai margini della strada che porta da Coreno Ausonio, FR a Ventosa, LT. Oggi l'immenso vuoto, in possesso di un'azienda locale che si occupa di smaltimento di rifiuti, è ancora ben visibile dalla strada, sebbene debitamente recintato, perché adibito a discarica.

Dallo stesso signore che, quando ero piccolo, mi aveva raccontato la leggenda della *catafossa*[10], ascoltai una volta altri due racconti incredibili e affascinanti. Uno riguardava *gliu mazzupaoleglio*, da quello che posso arguire, il corrispettivo del *munaciello,* il *piccolo monaco*: uno spiritello leggendario del folclore napoletano, di natura fondamentalmente benefica ma anche molto dispettosa, di solito rappresentato come un ragazzino deforme o una persona di bassa statura, abbigliato con un saio e fibbie argentate sulle scarpe che si muove veloce a mezz'aria, specie nel buio. Secondo lui abitava nel bosco dietro le case popolari.

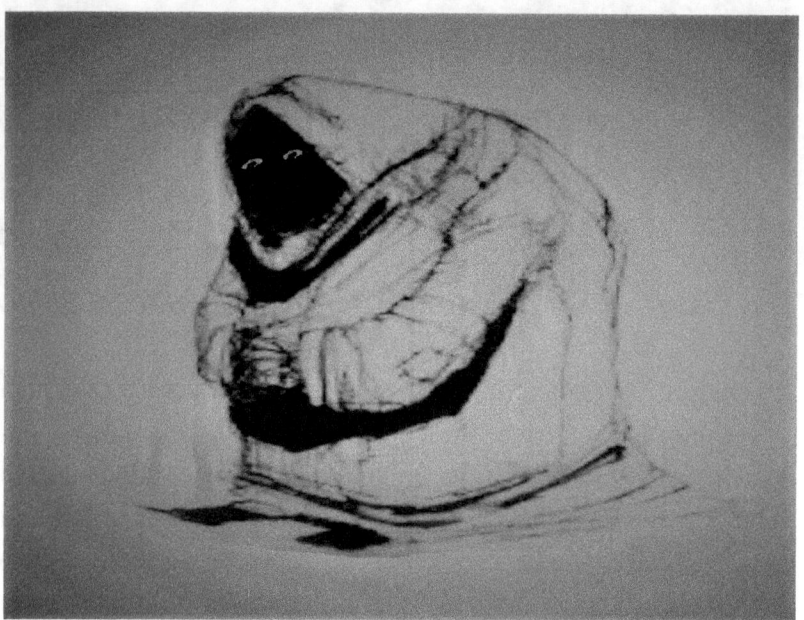

---

[10] La parola fossa, preceduta dal suffisso greco κατά che significa: *attraverso, dall'alto, giù per,* è molto eloquente e spiega perfettamente tutto il significato della parola composta.

Un'altra volta, con aria seria e anche abbastanza impaurita, mi disse di avere spesso sentito raccontare dai suoi nonni che da tempo immemorabile nella stessa zona, una volta l'anno in primavera, faceva la sua apparizione un serpente centenario lunghissimo, molto più grande di quelli che comunemente popolano le nostre zone, una specie di anaconda, e che la sua caratteristica peculiare e assolutamente non comune ai rettili, oltre all'età considerevole, consisteva nell'essere ricoperto di peli e avere una barba bianca e lunga, simile a quella di certi mandarini cinesi. Chi l'ha visto potrebbe raccontare di essere stato al cospetto di una specie di *Quetzalcoatl*[11] di Ventosa.

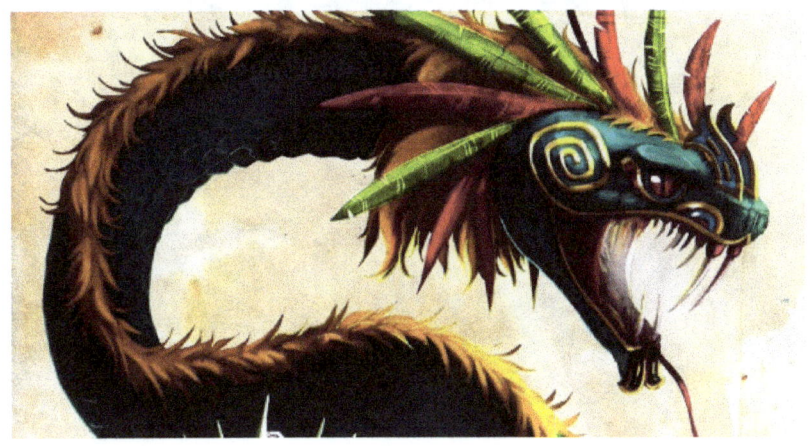

---

[11] *Quetzalcóatl*, ovvero *serpente piumato*, è il nome azteco del dio serpente piumato dell'antica Mesoamerica, tra le divinità più importanti per molte civiltà messicane e centro-americane, per gli Aztechi dio del vento e della conoscenza, e da molti ritenuto il creatore del mondo.

Il Cristo nel labirinto ad Alatri

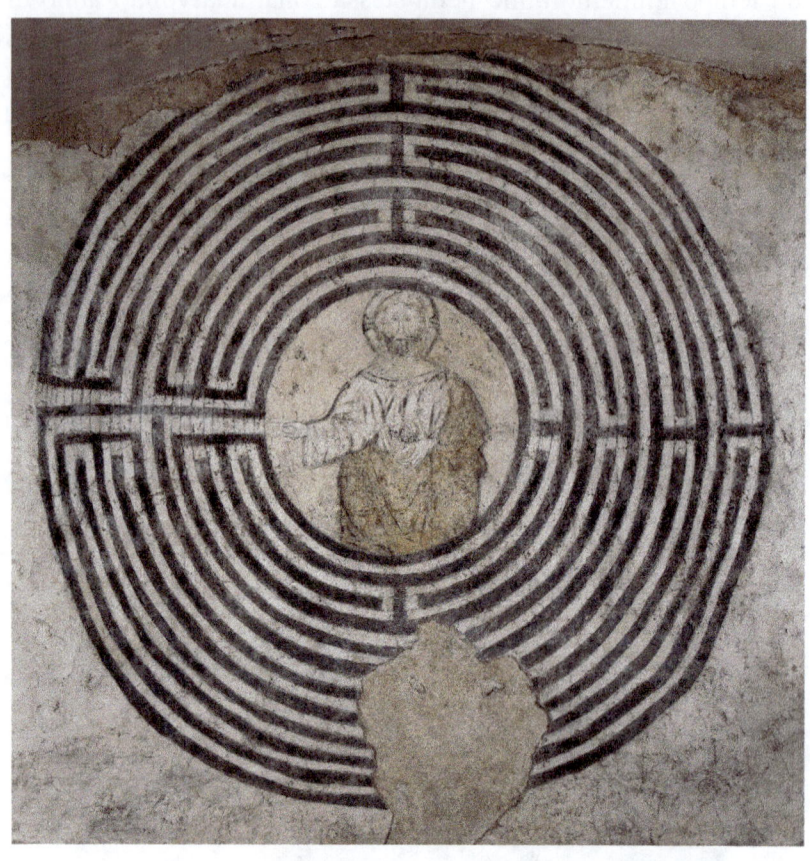

Nel chiostro di San Francesco, in Piazza Regina Margherita, ad Alatri, su una parete posta in un ambiente angusto, praticamente un'intercapedine, e stato rinvenuto di recente e casualmente nel 1996, poco prima che l'ambiente del Chiostro restaurato fosse riaperto, un affresco raffigurante un Cristo

Pantocratore[12] all'interno di un labirinto[13] formato da undici spire. Nel particolare, l'affresco raffigura un Cristo Pantocratore inquadrato in un labirinto che ha un diametro di 140 cm, formato da cerchi concentrici ad intervalli bianchi e neri, e posto sopra una fascia decorata con una teoria di fiori a sei petali neri iscritti all'interno di cerchi. Il centro misura 75 cm. Nel dipinto il Cristo ha un volto barbuto ed una folta capigliatura, indossa una tunica ed un mantello dorato ed ha , il capo è circondato da un nimbo[14] di 23 cm.. Con la mano sinistra, al cui dito anulare spicca un anello, è nell'atto di reggere un libro chiuso e posizionato all'altezza del cuore; la mano destra è distesa come tutto il braccio e stringe una seconda mano che fuoriesce dal labirinto. La parete dell'affresco è separata da un secondo muro da un intradosso, dove sono raffigurati fiori, figure geometriche e una serie di iscrizioni ancora non completamente decifrate. La parete successiva presenta decorazioni geometriche alternate ad altre floreali. La comprensione di tale dipinto deve comunque partire dal contesto architettonico in cui il dipinto si trova e gli studi più recenti avvalorano l'ipotesi che esso campeggia nell'aula di una antica chiesa alatrense che è stata assorbita nella prima metà del XIII secolo dall'attuale chiesa di San Francesco e dell'annesso convento, sorti dopo la visita del

---

[12] *Pantocrator*, dal gr. παντοκράτωρ -τορος, comp. di παντο, si legge *panto*, e significa *tutto* e κρατέω, si legge *crateo*, significa *dominare*. Quindi: che può tutto, onnipotente.

[13] Il labirinto è una struttura, costruita in modo che risulti difficile per chi vi entra trovare l'uscita. Il labirinto, infatti, ha un ingresso e un'uscita, al contrario del *dedalo*, termine chiaramente nato dalla figura del mitico Dedalo, il leggendario costruttore del labirinto di Creta per il re Minosse, il più noto tra quelli dell'antichità.

[14] Luce intensa e circoscritta, disco luminoso posto sulla testa o intorno a essa, nell'iconografia sacra pagana e quindi cristiana.

Santo di Assisi nella cittadina ernica. Ciò si dedurrebbe dalle anomalie architettoniche e alle cesure riscontrabili su un lato del convento e non pertinenti all'impianto originario francescano. Il significato, l'origine e la datazione del dipinto sono tuttora oggetto di studi che per il momento portano a conclusioni contrastanti. Le cause della discussione tuttora aperta sono dovute alla eccezionalità della pittura, che appare come un vero *unicum* nel panorama artistico locale; e al profondo degrado in cui versa l'opera e che rende difficoltosa la lettura della stessa. Due studiosi hanno dato alle stampe altrettante pubblicazioni per chiarire alcuni aspetti dell'affresco, atteso che le ricerche debbano continuare. Giancarlo Pavat[15] ha messo in relazione il labirinto di Alatri con i labirinti di Chartres, di Lucca e di Pontremoli, sostenendo che l'origine del dipinto sia legata alla presenza dei Templari nella città di Alatri, posizionata lungo la Via Francigena del Sud, percorsa dai cavalieri e dai pellegrini i quali, una volta lasciata Roma, erano diretti ai porti d'imbarco del Sud Italia in direzione di Gerusalemme. Il labirinto rappresenterebbe, quindi, un percorso spirituale che simula il cammino della vita lungo un *sentiero* che conduce alla Verità, ossia alla figura del Cristo; esiste una sola entrata al labirinto, posta all'estremità sinistra, ed una sola uscita, alla quale si perviene dopo aver attraversato, in maniera sinuosa ed armonica, tutti gli spazi labirintici. Il dottor Gianfranco Manchìa[16] ha ipotizzato come il

---

[15] Storiografo e scrittore nato a Trieste il 20 giugno del 1967. Ha studiato presso il Liceo Classico *Dante Alighieri* e all'Università Lateranense di Roma. Autore di numerosi libri e pubblicazioni, appassionato di alpinismo, di misteri e di speleologia, è in possesso del brevetto di subacqueo.

[16] Noto studioso, autore di numerose pubblicazioni sul labirinto: *Cristo nel labirinto, la scoperta dell'idolo dei Templari*; *Il labirinto del paranormale* e *Cristo nel labirinto, Edizione Speciale*.

sistema simbolico dei segni tracciati affondi le sue radici nella gnosi[17] valentiniana del II secolo. Il labirinto e il Cristo sarebbero quindi la rappresentazione per immagini della camera nuziale gnostica, così come è raccontata e descritta dai vangeli apocrifi e dai testi gnostici. In questo luogo nascosto si sarebbe compiuta l'ultima parte del cammino gnostico, quello che conduce alla ricongiunzione con Dio e alla conoscenza del mistero che permette a Dio stesso di governare il mondo. Manchìa ha ugualmente collocato l'affresco in uno scenario storico legato alla presenza di una comunità templare ad Alatri, dissolta e parzialmente confluita nell'Ordine Francescano dopo il processo ai Cavalieri Templari intentato sotto il pontificato di Papa Clemente V. Il Cristo nel labirinto di Alatri fa il paio con una recente scoperta effettuata nella vicina città ciociara di Ferentino.

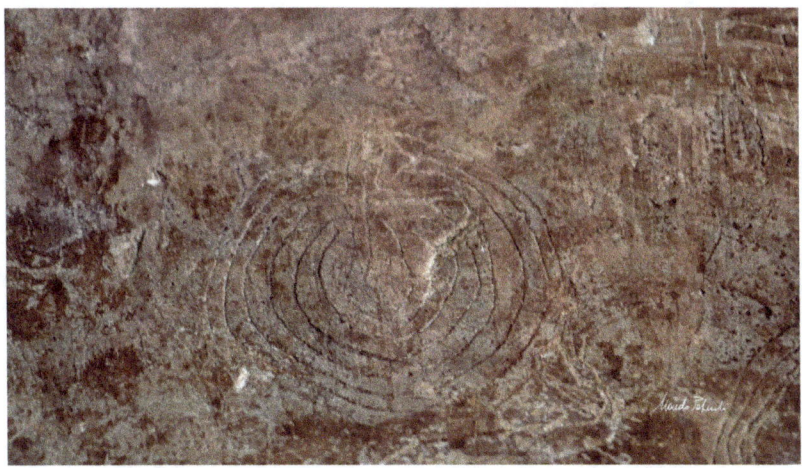

---

[17] Forma di conoscenza superiore, di origine divina, proposta da una serie di movimenti di pensiero, di ispirazione più o meno direttamente religiosa, per la salvezza dell'anima.

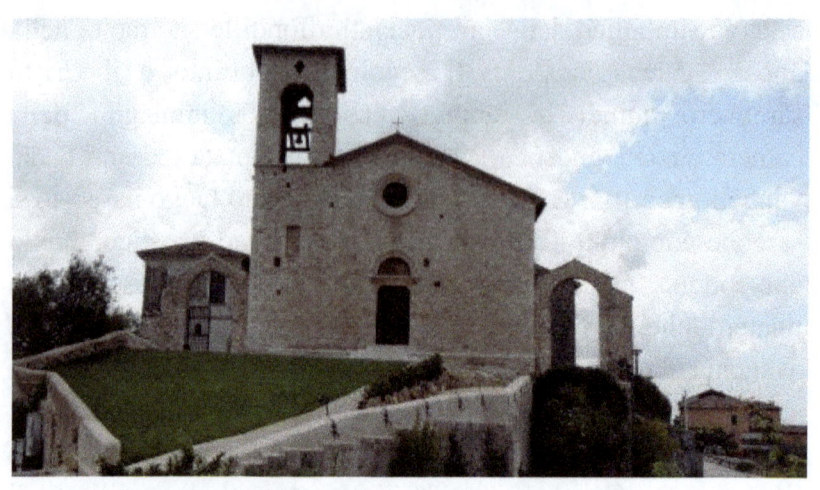

Nella chiesa di Sant'Antonio Abate, nella frazione di Colle del Fico, è stato scoperto un labirinto medievale di notevole importanza. Il ritrovamento si deve al ricercatore irpino, Marco Di Donato che ha condotto numerosi studi nell'Abbazia del Goleto. Il labirinto è inciso su un muro all'interno della chiesa e simboleggia il percorso o cammino di espiazione che veniva compiuto, nell'immaginario, dal pellegrino che per diversi motivi non poteva recarsi in Terra Santa. In Italia, i ritrovamenti del genere si contano sulla punta delle dita. Sono, infatti solo sette, oltre a quello di Ferentino e ben tre fra di essi sono in Ciociaria. Gli altri labirinti simili sono: a Pontremoli, MS; a Lucca, LU; a Tossicia, TE; a Sonnino, LT; a Colli al Volturno, IS; a Petrella Tifernina, CB; e a Conversano, BA. Questa incisione potrebbe, secondo gli esperti, essere stata commissionata dai cavalieri Templari anche in riferimento ad altre testimonianze, sempre riconducibili ai templari, rinvenute nella medesima chiesa.

Il *betilo* di San Mauro abate a Castelnuovo Parano.

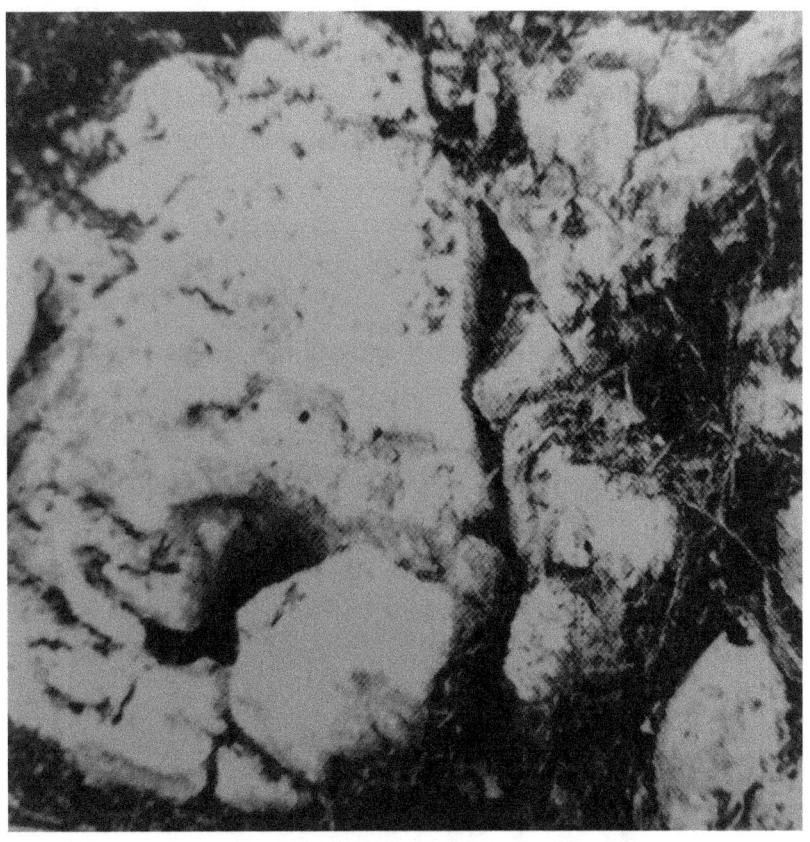

Nella foto una rara immagine del Betilo di San Mauro.

In seguito alla pulizia effettuata dagli operai della XIX Comunità Montana *L'Arco degli Aurunci*, del sentiero montano noto come la *viozza* di San Mauro Abate, in località *Ariola*, che da Castelnuovo Parano conduce alla Borgata S. Antonio Abate sulla superstrada Formia-Cassino, è ritornato alla luce un grosso macigno sul quale, secondo la leggenda, sono impressi i segni del ginocchio di San Mauro Abate, patrono di Castelnuovo. La leggenda narra che San Mauro, discepolo di San Benedetto e suo primo collaboratore nel governo del monastero di Montecassino, inginocchiato sul masso per pregare, durante il suo lungo viaggio effettuato dalla Francia a Castelnuovo, sia stato avvolto da una enorme nube di moscerini che hanno, di fatto, nascosto il Santo agli inseguitori francesi che volevano convincere San Mauro a far ritorno in Francia. La rievocazione del viaggio potrebbe condurre alla localizzazione precisa sul percorso del Santo e creare un grande itinerario monumentale fatto di storia, di memoria e di cultura, da visualizzare con targhe che segnalino i luoghi. Questa localizzazione dovrebbe essere portata a conoscenza attraverso manifestazioni turistiche e culturali che potrebbero avere come centro di aggregazione l'antichissima Chiesa di Santa Maria della Minerva a cui tale territorio appartiene. Uno studio più approfondito potrebbe associare il *Betilo* di San Mauro Abate a quello della Madonna del Piano, situato nei pressi della Cappella della Madonna sulla superstrada Formia-Cassino.

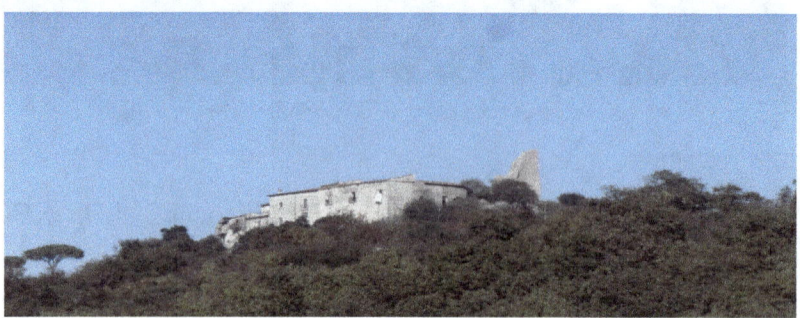

Lo spettro della dama a Vicalvi.

Il castello medievale di Vicalvi è situato su un colle, uno sperone roccioso a 600 m. d'altezza. Lo si può riconoscere per una croce di colore rosso dipinta durante la Seconda Guerra Mondiale dalle truppe tedesche che lo trasformarono in campo ospedaliero. Nonostante le cattive condizioni, visitandolo si ha l'immediata impressione della grande fortezza che fu e della sua importanza strategica. Appena entrati dal cancello alzando gli occhi sulle mura è possibile ammirare una latrina sospesa, uno dei pochi esempi presenti in Ciociaria. Si possono ancora scorgere le stanze, alcune completamente affrescate, di cui il castello era dotato, la cappella con ancora visibile un affresco raffigurante una magnifica Madonna Nera, la Sala Capitolare, tramezzata per accogliere le Monache di San Nicandro, con archi a tutto sesto e tracce di camini i cui travertini sono stati trafugati negli anni. Sul camminamento delle mura perimetrali è possibile spaziare con lo sguardo su tutta la Valle di Comino. Dal castello si può ammirare un panorama che offre una visione a tutto campo con i boschi, le montagne, i paesi circostanti della Valle di Comino e il borgo antico di Vicalvi. Un'antica leggenda locale narra la drammatica storia di Alejandra Maddaloni e dello spettro del Castello di Vicalvi dove, nel XV secolo viveva Alejandra Maddaloni, moglie di un nobile condottiero spagnolo. Essendo il marito quasi sempre lontano a guerreggiare, la nobildonna aveva come hobby quello di adescare giovani uomini del posto per trascorrervi infuocate notti d'amore. Peccato che, per tutti questi ingenui quella passata nel talamo della dama sarebbe stata l'ultima notte della loro vita. La maliarda infatti, con l'aiuto di un fidato servitore, li faceva sparire non appena consumato il rapporto, così da occultare ogni eventuale prova del suo adulterio. Ma si sa che le chiacchere prima o poi arrivano all'orecchio sbagliato, così il povero marito, un bel giorno venne a conoscenza della faccenda e fece murare viva la moglie fedifraga in una torre del castello. Da allora, si narra che il fantasma della malcapitata si aggiri nelle stanze del castello in cerca di nuovi giovani da concupire.

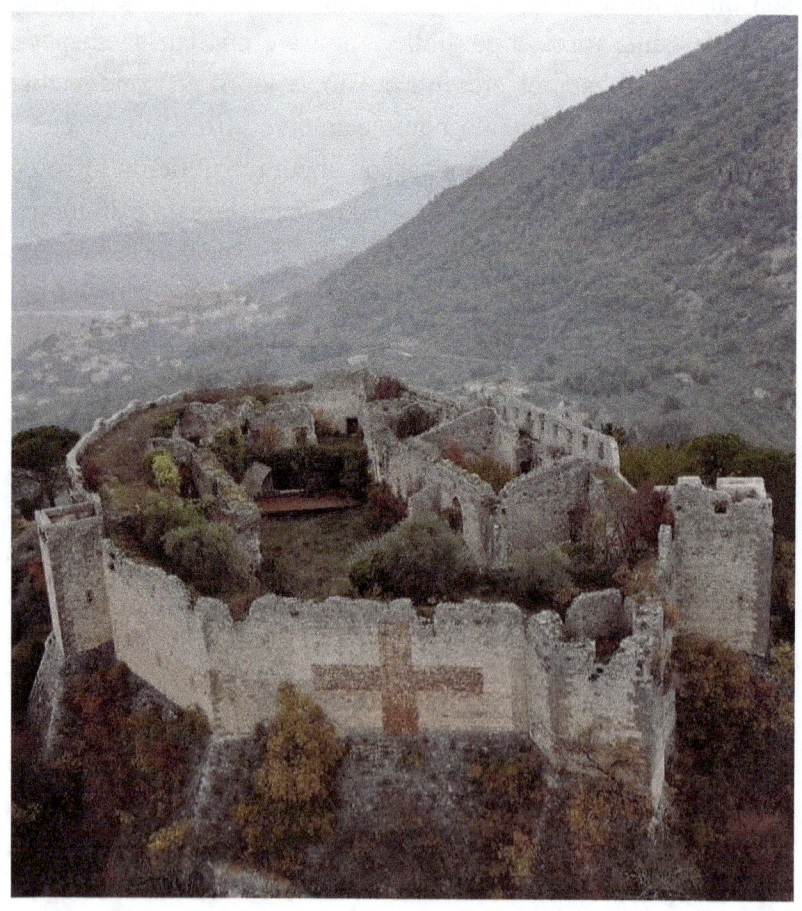

Per molti paesani non si tratta di una favola orchestrata a scopo pubblicitario. Alejandra Maddaloni era una signora realmente esistita, donna bellissima e spregiudicata, affamata di vita e arsa da roventi passioni. Era molto corteggiata e dedita agli amori fugaci e pericolosi. Così nasce la leggenda della bella castellana che attira i suoi spasimanti nelle sue stanze private, dando loro libero accesso alle sue grazie e concedendo il privilegio di vivere una notte d'amore con lei. Ma Alejandra prima usava i suoi amanti e quindi li uccideva, con un pugnale oppure con una robusta dose di veleno. Al suo servizio aveva un fedele servitore, forse anch'egli amante innamorato, che l'aiutava a disfarsi dei cadaveri dopo ogni delitto. Sembra che non furono pochi gli amanti desiderosi di trascorrere una notte nell'alcova della bella Alejandra, oscura e sanguinaria dama del castello di Vicalvi e che le notti di peccati carnali, di sgozzamenti, spargimenti di sangue e di veleni andarono avanti per molto tempo. Almeno fino a quando i numerosi resti umani degli amanti macellati non furono rinvenuti dagli abitanti del borgo nei boschi che, per quanto oscuri e deserti, non riuscirono a nascondere tanto e tale orrore. Lentamente iniziarono a circolare le lugubri voci sulla sanguinaria Alejandra. Il marito, tradito e ferito nell'onore, fu costretto a indagare sulle attività notturne della consorte, venendo subito a capo del suo segreto e a conoscenza dei fatti terribili che coinvolgevano la terribile moglie infedele e assassina e il suo fedele servo amante. La punizione giunse e fu spietata. L'uomo decise di far rinchiudere la moglie in una delle torri del castello, di incatenarla e murarla viva. Per Alejandra giunse un'orribile morte, a cui non poteva far altro di opporsi gridando e maledicendo il marito. Chi le udì racconta che, prima di rendere l'anima a Dio, a lungo risuonarono nel castello e in tutto il paese, le sue urla strazianti. Ma la maledizione non punì solo la donna fedifraga; anche il marito tradito e rimasto solo, si era auto condannato alla convivenza con il fantasma della moglie dannata. Sembra infatti che lo spettro della bella castellana aleggi ancora sui bastioni e tra le mura del castello di Vicalvi e che ci siano stati svariati avvistamenti. Qualcuno del posto narra di continui disumani lamenti e di sinistri rumori di catene provenienti dai ruderi del castello. A rendere ancora più inquietante la leggenda, si sono aggiunti alcuni incidenti che hanno avuto come protagonisti giovani uomini. La cronaca racconta di alcuni ragazzi che hanno scelto la rocca per uccidersi, gettandosi dalle torri o dalle mura di cinta. Le indagini relative non hanno dato una spiegazione agli incidenti e alcuni dalle autorità sono stati definiti strani e inspiegabili. Una strana atmosfera avvolge il maniero e pare che l'inquieto fantasma appare a chi si avventura fino alla rocca. Ma anche di giorno il luogo sembra celare qualcosa di sinistro e misterioso. E non puo' essere solo la suggestione. Probabilmente lo spettro inquietante della signora incatenata vaga ancora alla ricerca di giovani amanti da ammaliare; insegue il ricordo di uno svanito amore carnale che ai fantasmi sfugge per sempre.

La Grotta delle Fate a Coreno

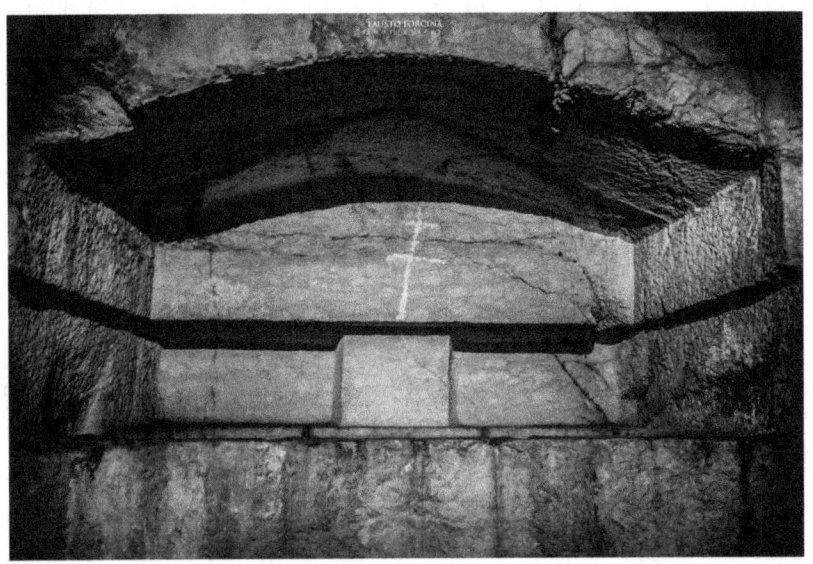

Veduta frontale del manufatto in una foto di Fausto Forcina.

La Grotta delle Fate, detta anche Grotta Focone, si trova ai piedi del monte Schiavone, nel territorio meridionale di Coreno Ausonio, in contrada *Jagna*, il cui toponimo potrebbe derivare dalla parola *Janara* che, nel dialetto locale, significa strega, quindi per estensione anche fata. La grotta è solo una delle tante disseminate sul territorio roccioso e impervio di Coreno Ausonio e non sarebbe così famosa se non ospitasse un manufatto di difficile datazione e di altrettanta difficile interpretazione e catalogazione.

Spesso manufatto e grotta vengono confusi. La grotta è naturale, il manufatto invece è artificiale, costruito dalla mano dell'uomo che lo ha ricavato scalpellando la parete di calcare all'interno della grotta stessa. Si tratta di una insolita vasca scavata a mano nel duro calcare, con il semplice uso di scalpello e mazzetta. Non si sa da chi, non si sa in che data e nemmeno perché. Attualmente l'ingresso, che in epoca non lontana doveva essere abbastanza agevole, è reso difficile, se non impossibile almeno per persone di taglia robusta, dalla presenza di materiale di scarto proveniente per caduta dalla discarica di una cava di marmo, ormai chiusa, posta a monte dell'apertura. In quella che può essere individuata come la camera principale, alla quale si accede direttamente dall'esterno, una volta superato l'angusto ingresso, si trova il misterioso manufatto. In tempi precedenti pareva potesse trattarsi di un sarcofago e questa interpretazione avrebbe aiutato a dirimere tutti i dubbi e i misteri suscitati dal manufatto, ma la vasca presenta un incavo su uno dei lati stretti che farebbe pensare più a un comodo sedile che a uno scomodo poggiatesta. L'incavo presente sul lato corto dovrebbe essere interpretato con buona approssimazione come un sedile, in quanto, essendo rialzato di quaranta centimetri rispetto al fondo della vasca, non consentirebbe ad un uomo, benché morto, di stendere il corpo sul fondo tenendo appoggiata, agevolmente e in posizione naturale, la testa. Inoltre sono presenti sui bordi del manufatto quattro scanalature sui lati lunghi opportunamente scavate per ospitare, parrebbe dai segni dell'ossidazione ancora presenti, altrettante cerniere adatte a reggere un coperchio ribaltabile probabilmente di metallo. Da rilevare anche la presenza, sul bordo della vasca, di un foro la cui forma e grandezza lo renderebbero adatto a contenere un presunto cero, una croce o altri oggetti sacri votivi. Una più recente intuizione di alcuni archeologi, storici e semplici appassionati, propenderebbe univocamente verso una, ugualmente enigmatica ma più plausibile, vasca votiva scavata e modellata in un unico blocco di marmo, come confermano anche le misure, 2,15 metri di lunghezza, 1,15 di larghezza e 0,9 metri di profondità, coerenti con le misure di un corpo umano steso e affondato quasi completamente nell'elemento liquido oppure semplicemente seduto con i piedi e le caviglie a mollo nell'acqua.

L'autore di questo libro ipotizza che la vasca votiva e l'intera grotta potrebbero avere una stretta correlazione col Tempio di Marica, mitica dea dell'acqua e delle fonti il cui nome deriva dal greco μαρμαίρω, verbo che significa *splendere*, ubicato non troppo distante dalla grotta, alla foce del fiume Garigliano, distante solo una dozzina di chilometri e solo qualche centinaio di metri dall'area archeologica dell'antica *Minturnae*.

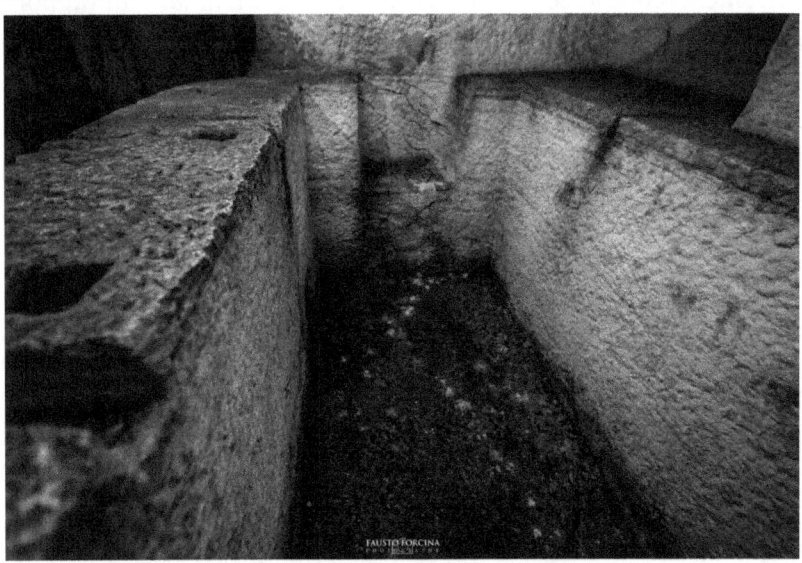

Veduta dell'interno della vasca in una foto di Fausto Forcina.

45

Da notare, come si può evincere dalla foto precedente, come la forma di questo manufatto sia perfettamente squadrata.

Per quanto invece riguarda la datazione, peraltro molto difficile, se fosse coevo delle *Domus de Janas* sarde, come qualcuno ipotizza, il manufatto potrebbe risalire addirittura al V o VI secolo a.C., epoca in cui la zona era già stata colonizzata dal popolo degli Aurunci o Ausoni che, per l'influenza delle vicine tribù Osco Sabelliche, avrebbero costruito il *non sepolcro* ad imitazione di quelli etruschi.

Un'altra fantasiosa ipotesi è stata ventilata sempre dall'autore di questo libro. Il suggerimento per la costruzione del manufatto potrebbe essere derivato, invece che dalle tribù confinanti, dagli accertati influssi provenienti dai navigatori sardi che in quell'epoca intrecciarono relazioni socioculturali e rapporti commerciali con i popoli che occupavano le coste tirreniche comprese tra la Toscana e la Campania. Tali rapporti sono stati accertati storicamente e asseverati da numerosi rinvenimenti archeologici. Essi potrebbero riguardare, in stretta connessione, anche l'introduzione e la larga diffusione sul nostro territorio dei muri a secco, le cd. *macere*, di cui ci occupiamo in altro paragrafo del libro. In Sardegna sono presenti ca. 2.400 Grotte delle Fate, le cd. *Domus de Janas,* censite dalla soprintendenza archeologica. Sono tombe scavate nella roccia tipiche di epoca prenuragica e gli interni di alcune di esse sono molto simili alla nostra Grotta delle Fate. Nella Sardegna nuragica sono molte le testimonianze archeologiche di siti votivi e mistici che hanno a che fare col culto delle acque. Uno fra tutti il Santuario o Pozzo di Santa Cristina, un'area archeologica situata nel territorio del comune di Paulilatino, in provincia di Oristano, nella Sardegna centro-occidentale e nella parte meridionale dell'altopiano di Abbasanta. La località prende il nome dalla chiesa campestre di Santa Cristina che si trova nelle sue vicinanze.

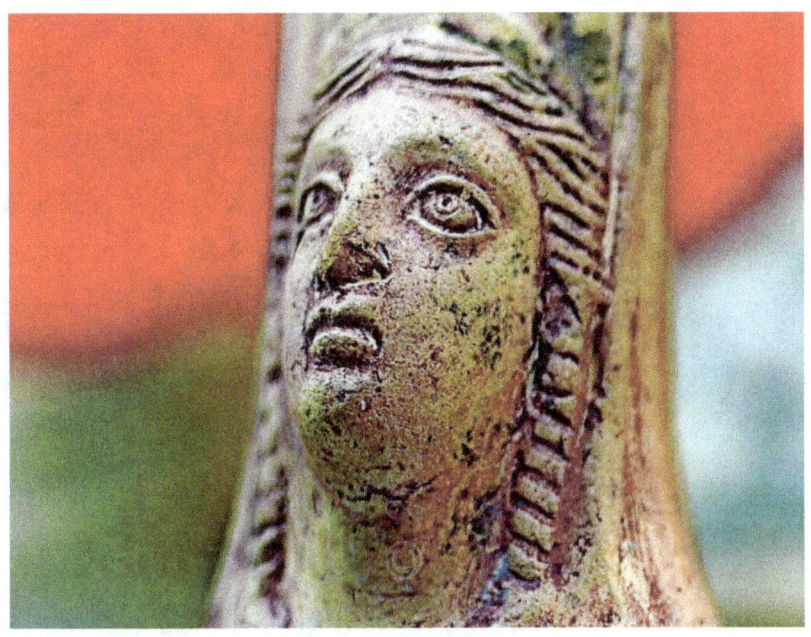

Busto della Ceres Sarda di Ozieri. Cerere era, per la mitologia romana, la dea del grano, del buon raccolto, dell'abbondanza e della fertilità; corrispondeva a Demetra nella mitologia greca.

Il sito si compone essenzialmente di due parti: la prima, quella più conosciuta e studiata, che a noi più interessa, costituita dal tempio a pozzo, un pozzo sacro risalente all'età nuragica, con strutture ad esso annesse: capanna delle riunioni, recinto e altre capanne più piccole. Riguardo all'uso dell'acqua da utilizzare nel corso degli eventuali riti e delle sacre abluzioni essa poteva essere attinta da una piccola sorgente vicina nel frattempo asciugata o dai rii Ausente e Ausentello, anch'essi vicini, oppure raccolta direttamente dalle stalattiti che ancora stillano abbondantemente dal soffitto della grotta.

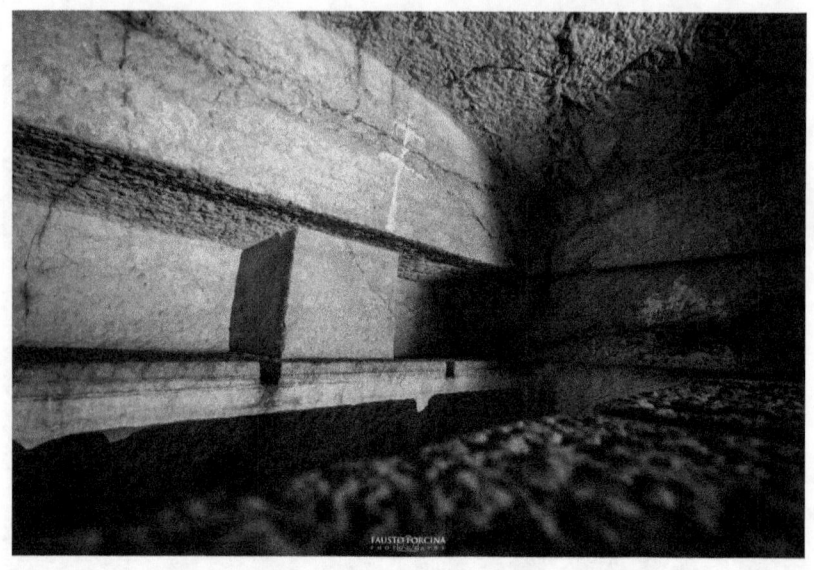

Particolare del manufatto in una foto di Fausto Forcina

Vasca, tomba, sepolcro o cos'altro sia, ci troviamo davanti a un enigma archeologico. Un manufatto originale di cui si ignora la funzione, prezioso e misterioso ma un vero monumento storico, dalla perfetta fattura manuale, indice di un lavoro certosino; un artefatto sicuramente raro e dal grande valore archeologico. Retaggio antichissimo di popolazioni, autoctone o indoeuropee che fossero, antichissime ma sicuramente evolute culturalmente oltre che dedite ai culti religiosi. Potrebbe trattarsi degli Ausoni o Aurunci[18], che,

---

[18] Stesso popolo con nome diverso perché modificato da un fenomeno fonetico, notato dagli stessi Romani, chiamato *rotacismo*, con la lettera *r* che varia in *s* nella lingua latina (*Aurunci... Auronici... Auruni... Ausuni... Ausoni*).

secondo alcuni studiosi erano la stessa popolazione. Questa popolazione antica, detta anche popolo delle fonti, fu presente nel Basso Lazio dal XVII secolo a.C. come testimoniato da ritrovamenti archeologici risalenti all'età del ferro. In ogni caso si tratta di popolazioni, quindi, non necessariamente o non solo *"...selvagge, bellicose e temibili a causa della loro forza e struttura fisica"*, come descritte da Dionigi di Alicarnasso, storico e insegnante di retorica, vissuto a Roma durante il principato di Augusto, più o meno tra il 60 e il 7 a.C., nella sua opera imperitura, *Antichità Romane*. In greco antico: Ῥωμαϊκὴ ἀρχαιολογία, anche nota come *Storia antica di Roma*, l'opera abbraccia la storia romana che va dal periodo mitico, il cui inizio corrisponde al 753 a.C., anno della fondazione, fino all'inizio della Prima guerra punica, combattuta tra il 264 al 241 a.C..

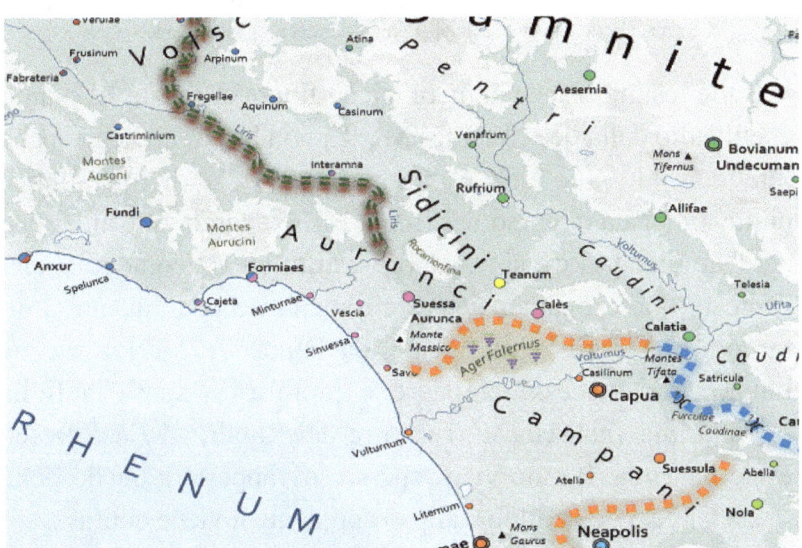

Il mito della Ninfa Marìca a Minturno

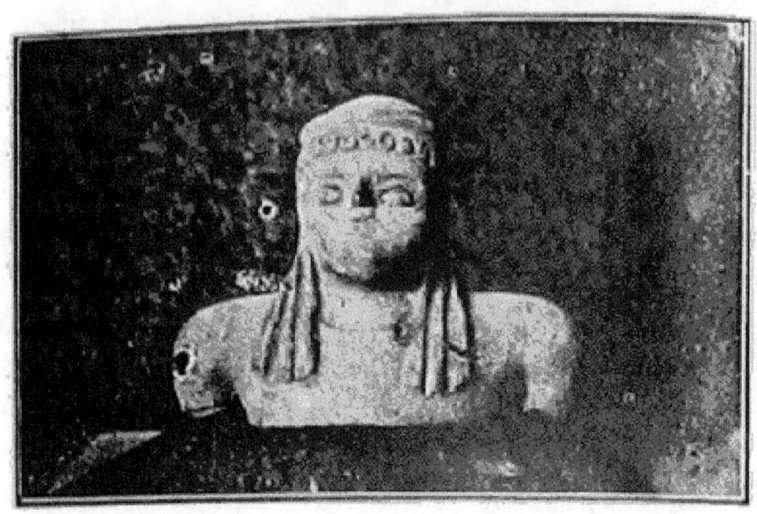

Antichissima raffigurazione della Dea Marica (da pronunciarsi Marìca) Ninfa delle acque e delle paludi, signora degli animali e protettrice dei neonati e della fecondità.

Dalle testimonianze archeologiche finora accertate sappiamo che il culto della dea (o ninfa) Marìca non ha strettamente a che fare con la Valle dell'Ausente. Essendo la divinità italica piuttosto legata al corso del fiume Liri e adorata fino alla Foce del Garigliano, dove si trovano i resti di un antico tempio a lei dedicato. In epoca arcaica pre-romana secondo alcuni miti raccolti da Virgilio nell'Eneide, da Fauno[19] e Marìca nacque Latino, che successe al padre e promise in sposa la figlia Lavinia, già fidanzata di Turno re dei Rutuli, ad Enea fresco esule da Troia. Il mito viene spesso sovrapposto a quello della maga Circe o della ninfa Calipso con le quali viene confusa.

---

[19] Divinità dei campi e della pastorizia, primo re del Lazio.

La dea Marìca era la ninfa protettrice dell'acqua e delle paludi, degli animali, dei neonati e della fecondità. Ed era anche detta l'*incantatrice* o la *maga* perché, si diceva, fosse brava a trasformare gli uomini in animali. Chi scrive si è sentito quasi costretto a occupare un capitolo di questo libro con la sua storia mitica perché da alcuni studiosi è stata formulata l'ipotesi, peraltro affatto peregrina, che la vasca per le abluzioni scavata nella roccia e ora ancora ben conservata nella *Grotta delle Fate*, in territorio di Coreno Ausonio, possa legarsi proprio alla celebrazione del suo culto. Ma andiamo con ordine. Secondo alcuni studiosi un tempio dedicato alla dea Mefite (*Mephitis*, da molti identificata con Marìca) sarebbe stato utilizzato come fondamento della chiesa cristiana dedicata alla Madonna di Canneto, alla sorgente del fiume Melfa, in territorio di Settefrati, nella Valle di Comino. I resti di un altro tempio - sarebbe meglio parlare di torre - sempre dedicato alla dea Marìca si trovano su una collina che domina la Valle del Liri, nei pressi dell'abitato di Isola del Liri. Da essa si può ammirare il panorama dell'intera vallata, seguire con lo sguardo il percorso del fiume Liri[20] spaziare la vista fino a Sora e ai paesi limitrofi sovrastati dai maestosi monti degli Appennini. Il mito di Marìca, dunque, si estendeva lungo tutto questo tratto del corso del Liri. Dovunque il fiume passasse, prima di tuffarsi nel mare, esisteva un bosco sacro circondato da un'estesa e profonda palude, la cosiddetta *palus maricae* e si racconta che era la sua dimora preferita tant'è che le fu dedicato un grande tempio costruito con blocchi di tufo grigio: la Torre di Marìca, quel che resta di un mito antico e misterioso, della storia degli italici prima e dei romani poi, che

---

[20] *"Non rura, quae Liris quieta Mordet aqua, taciturnus amnis"*, Orazio,

veneravano il culto della ninfa del Liri, tramandata in molte tradizioni o in alcuni riti che gli anziani del posto ancora ricordano.

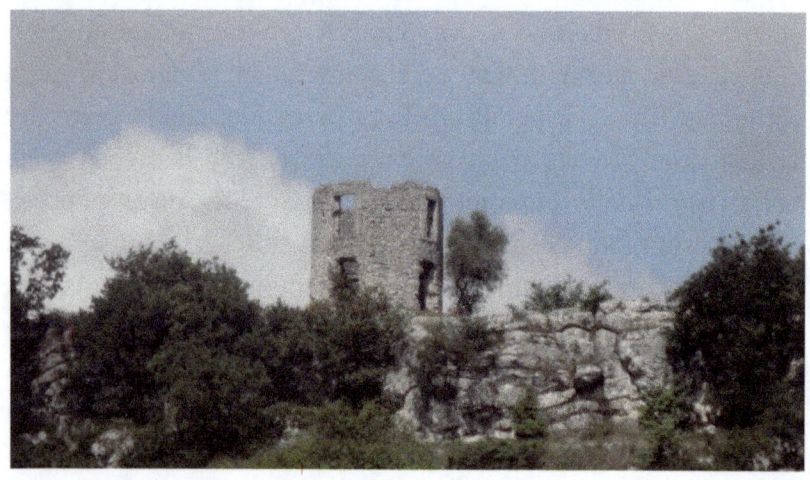

Marìca, il cui nome deriva probabilmente dalla base mediterranea *mara* che significa palude è un'antica divinità italica, il cui culto, seppure sviluppatosi lungo tutto il corso del fiume, ha poi finito per localizzarsi, particolarmente, alla foce del Liri-Garigliano presso Minturno. Gli Ausoni, detti anche Aurunci, le dedicarono un grande tempio edificato probabilmente attorno al settimo/sesto secolo a.C., sulla riva destra-nord, in prossimità della foce del fiume a circa 400 m. dal mare. Sulla sponda sinistra-Sud si estendeva invece il bosco sacro, il *lucus Maricae* a lei dedicato e che oggi altro non è che la pineta di Baia Domizia. Il tempio era stato costruito con blocchi di tufo grigio provenienti dalle cave vulcaniche a sud del monte Massico.

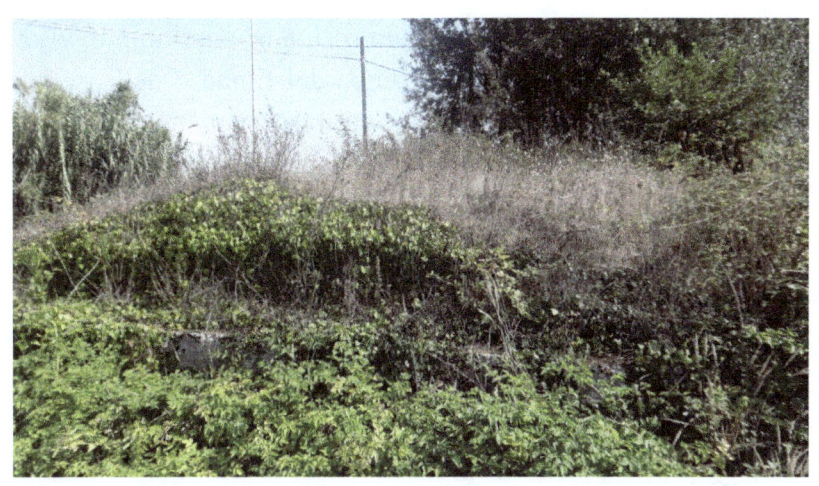

Nella foto dell'autore sono visibili i resti del tempio dedicato alla Dea Marica a Minturno.

Dal bosco sacro, il *lucus maricae* a lei dedicato, era peraltro vietata l'asportazione di qualunque oggetto vi fosse o fosse stato introdotto. E' quello che riferisce Plutarco[21], secondo il quale per le norme del rituale, tutto quello che veniva introdotto nel bosco non poteva essere asportato ed era anche assolutamente vietato tagliare gli alberi. Quando nel 207 a. C. il bosco fu colpito dal fulmine, il fatto fu annunciato a Roma come un prodigio celeste prodromo di sventure. Secondo il poeta Claudiano, che ne parla in un suo panegirico, il bosco era un querceto (querceta Maricae), probabilmente costituito anche da lecci e allori. I romani portavano nel bosco le loro offerte. In genere erano costituite da primizie, vino, frutti della terra e *satura lanxe*[22]. I riti per onorare la ninfa erano molto semplici,

---

[21] Plutarco, (in greco antico: Πλούταρχος Plútarchos, pronuncia: ['pluːtarkʰos]; nacque a Cheronea, tra il 46 e il 48 d.C.; morì a Delfi, tra il 125 e il 127 d.C.. Fu biografo, scrittore, filosofo e sacerdote greco antico, vissuto sotto l'Impero romano: ebbe anche la cittadinanza romana e ricoprì incarichi amministrativi.

[22] Piccole statuette votive modellate in terracotta.

bruciare un'erba odorosa su un'ara o su altri altari improvvisati con rami d'albero, gettare nell'acqua del fiume o della palude coroncine di fiori oppure le curiose statuette votive in terracotta. Pare che proprio da questa antica consuetudine celebrativa discenda l'abitudine moderna dei turisti di gettare monete nell'acqua delle fontane monumentali disseminate in tutta l'Italia. Nel bosco i luoghi più sacri erano le sorgenti, le radure, i massi di roccia, le caverne naturali, le cascatelle dei fiumi, gli stagni, gli alberi, una zona satura di funghi, o piante acquatiche medicamentose. Prima dell'attraversamento di un bosco, della raccolta di erbe curative o mangerecce selvatiche, di attingere acque a una fonte o di bagnarsi in un fiume, si rivolgeva una preghiera alla ninfa del luogo e le si offriva un'offerta. Il bosco era circondato da un'estesa e profonda palude, la cosiddetta *palus maricae* che si estendeva su entrambe le sponde del fiume, il Liri la attraversava prima di allargarsi alla foce. Nei pressi della palude è stata localizzata, in terreno paludoso, la drammatica fuga e il successivo ritrovamento di Mario. Proprio in quelle paludi, infatti, la leggenda racconta che trovò rifugio il console Gaio Mario, nell'88 a.C., per salvarsi dai sicari inviati sulle sue tracce da Silla, per ucciderlo. Resti di un tempio della dea, con una ricca suppellettile votiva, da distinguersi da quelli di un vicino tempio di Afrodite, sono stati di recente rilevati sulla riva destra del Liri-Garigliano, a circa 300 m. prima della foce. Marìca fu anche identificata dalle antiche popolazioni con Venere e con Diana, ma soprattutto con Circe, localizzata e venerata sul vicino Monte Circeo. La sua sistemazione, da parte di Virgilio (VII, 47), a Laurento è probabile fantasia poetica, ma è accertata la presenza del suo culto anche fuori del territorio strettamente minturnese. Un'iscrizione votiva rinvenuta a Pesaro, ad esempio, a lei dedicata, ha fatto pensare a un'etimologia derivante dalla parola mare e a una conseguente interpretazione di Marìca come divinità marina. In conformità con quanto raccontato finora, molto suggestiva appare l'ipotesi, avanzata da alcuni storici, secondo cui potrebbe esserci una stretta connessione rituale, oltre che culturale, sociale, religiosa e geografica, tra il tempio di Marìca, posto alla foce del Garigliano, in territorio di Minturno, l'antica citta romana di *Minturnae* e la Grotta delle Fate (o Grotta Focone), arcaico monumento sacrale posto alle falde dei monti Aurunci orientali, in territorio di Coreno Ausonio. In effetti, a separare i due siti c'è solo una piccola collinetta. Ma vi sarebbe di più: secondo la leggenda, ma anche per quanto attestato nei racconti storici e da recenti scoperte archeologiche di larghe lastre di pietra affinate dal calpestio, l'antica Via Appia era collegata all'entroterra e alla bassa valle del Liri dall'antica Via Ercolanea, ...*quella via che staccandosi da Interamna Linares* (l'attuale Pignataro Interamna) *raggiungeva l'Appia al km. 34,5 in contrada S. Croce. E' detta attualmente via Ausente per l'omonimo fiume che incontra presso Ausonia[23]."* Proprio il primo tratto di questa strada potrebbe essere stato percorso dalle processioni votive di fedeli che compivano i loro pellegrinaggi dal tempio alla vasca votiva in pietra e viceversa. E' stato infatti definitivamente accertato che il marmo locale sia stato largamente utilizzato dai romani per la costruzione e la rifinitura di diverse costruzioni sparse sul territorio delle antiche città della cd. Pentapoli Aurunca: *Minturnae*; Vescia; Suessa; Sinuessa e Ausona, e di ville

---

[23] Brano tratto dal libro: *Città scomparse della Ciociaria,* di A. Giannetti e A. Berardi.

romane i cui ruderi ancora affiorano qua e là sul territorio della Valle dell'Ausente. Testimonianze orali raccolte tra i primi scavatori marmiferi corenesi che ripresero la coltivazione delle vecchie cave, raccontano, poi, che nei siti delle prime cave dismesse fosse possibile, fino a poco tempo fa, trovare ancora segni evidenti e finanche materiali atti allo scavo abbandonati in situ dagli antichi scalpellini romani.

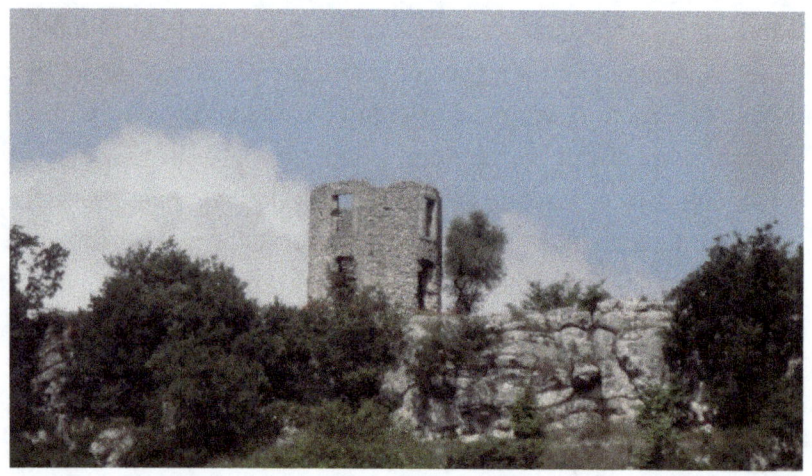

Nella foto dell'autore i resti della Torre Marìca a Isola del Liri.

Una Stonehenge ciociara a San Vittore

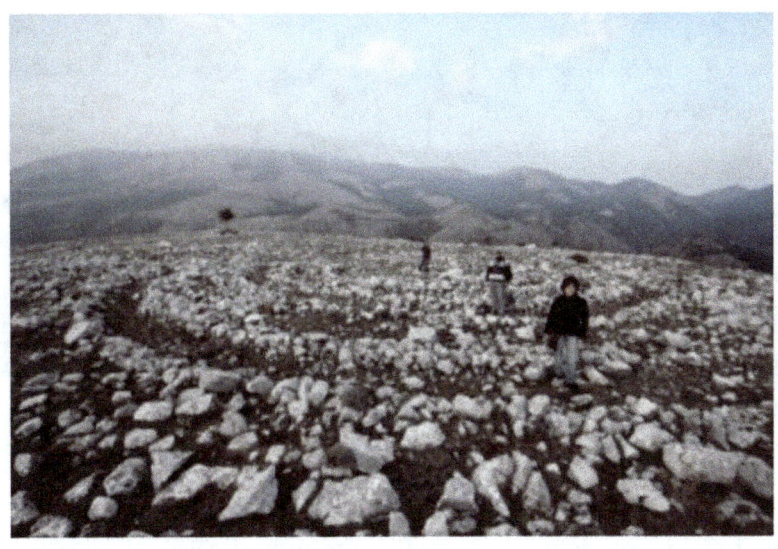

Anche la Ciociaria ha la sua Stonehenge. L'incredibile scoperta è stata fatta casualmente sulle montagne tra San Vittore del Lazio, in provincia di Frosinone, a poca distanza da Cassino e dalla famosa Abbazia Benedettina, e San Pietro Infine, in provincia di Caserta. Per questo motivo già si parla già di una Stonehenge ciociara. Autore della scoperta il fotografo Antonio Nardelli, che navigando su *Google Map* ha notato qualcosa di incredibile e di mai scorto prima sulle pendici del Monte Sambucaro a poca distanza dall'abitato montano della *Radicosa*. Ci troviamo sulla linea di confine tra Lazio, Campania e Molise. Ad essere precisi, infatti, il punto esatto in cui si incontrano i confini delle tre regioni è proprio la vetta del Monte Sambucaro, alto poco più di 1200 metri.

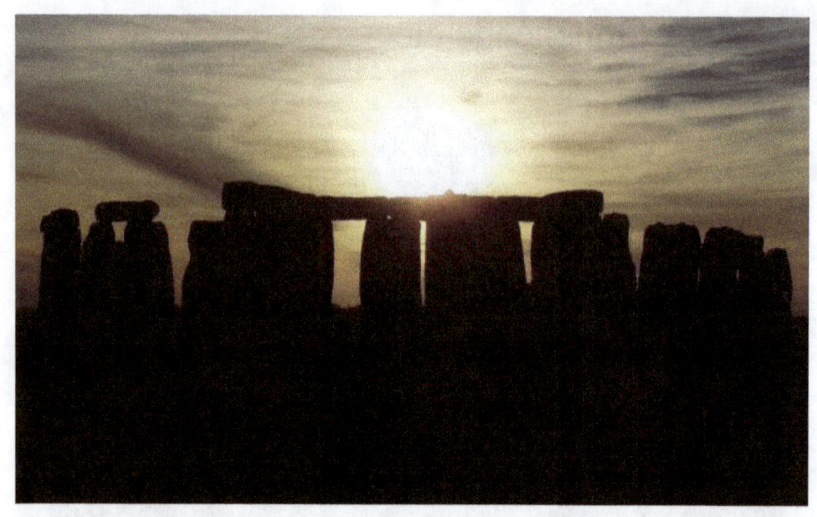

Le immagini dal satellite hanno permesso al Nardelli di notare una curiosa formazione geometrica, apparentemente artificiale, composta da almeno sette grandi cerchi concentrici. Si tratta di una formazione, quasi certamente artificiale, composta da almeno sette perfetti cerchi concentrici visibili soltanto dal cielo, posizionata in un luogo isolato, tra montagne frequentate soltanto da pastori e cacciatori. Un manufatto visibile soltanto dall'aria o addirittura solo mediante i satelliti artificiali e quindi dallo spazio. Il problema era che non si riusciva assolutamente a comprendere che cosa fossero quei cerchi. Soltanto una ricerca sul campo avrebbe potuto risolvere questo primo enigma. Ma una volta giunti sul posto, per i ricercatori guidati dallo stesso Nardelli non è stato affatto semplice individuare le misteriose strutture circolari. Soprattutto a causa della natura del terreno, costituito da pietraie e rocce affioranti. Alla fine i sette cerchi sono stati individuati su un dosso del versante laziale del monte, a circa

800 m.. Quelli che ormai vengono chiamati *Cerchi concentrici del Monte Sambucaro* sono formati da pietre e massi di tutte le dimensioni, accatastati l'uno sull'altro senza alcun uso di malte. In superficie si vedono le pietre più piccole, quelle più grandi si trovano sepolte nel terreno. La scoperta è stata presentata in anteprima sulla rivista *Fenix* di marzo 2012 da Giancarlo Pavat e dal fotoreporter Antonio Nardelli. I sette cerchi concentrici si trovano su un dosso battuto dal vento, completamente brullo, a circa 800 di quota sulle falde del Monte Sambucaro. La scelta del sito non pare casuale: il dosso è al centro di una sorta di anfiteatro naturale formato da crinali del Sambucaro e da altre montagne più distanti. Inoltre i cerchi, pur occupando la sommità della collinetta, sono leggermente sfasati verso est. Un orientamento, quello verso il punto da cui sorge il sole, forse deliberatamente cercato. Il cerchio più esterno è enorme, avendo almeno 50 metri di diametro. Ci troviamo di fronte a un'opera indubbiamente realizzata dall'uomo, pur per scopi ancora sconosciuti. Al momento, l'ipotesi più accreditata è che ci si trovi davanti ad un antico luogo di culto, forse riconducibile alle popolazioni Sannite.

Un sito megalitico a Ceccano

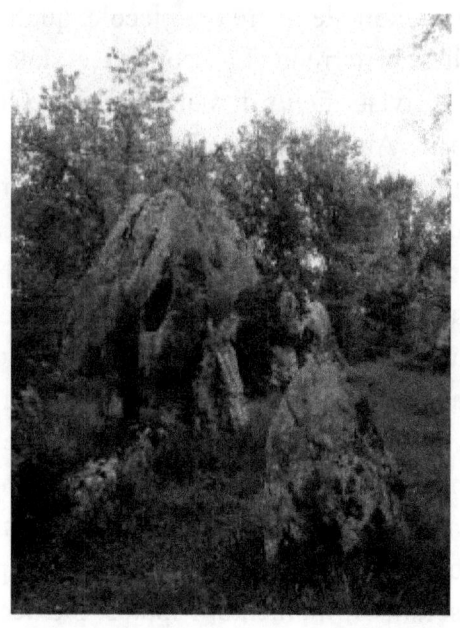

La notizia è di quelle che fanno saltare per la gioia gli appassionati e i ricercatori, mentre fanno tremare i polsi a tutti coloro ritengono che ormai si sappia tutto di un determinato territorio e che non ci sia assolutamente nulla di nuovo da scoprire. Se venisse confermato quanto sta emergendo in questi giorni sulle colline attorno a Ceccano, la cittadina adagiata lungo le rive del fiume Sacco, sarebbe davvero un ottima occasione per rilanciare l'intero territorio comunale. Ma procediamo con cautela, frenando l'entusiasmo e tenendo i piedi ben saldi alla terra. Alla sommità una collina poco distante dal centro abitato, il ceccanese Roberto Adinolfi, amante della propria terra e delle propria radici, ritiene di aver individuato un sito caratterizzato da enormi macigni che a prima vista sembrerebbero posizionati da mano umana. Si tratta indubbiamente di megaliti[24]. Il luogo è decisamente suggestivo; immerso in un boschetto di querce. Percorrendo la stretta strada di campagna che corre tangente al sito, ci si accorge immediatamente che ci si trova in un ambiente caratterizzato da un forte carsismo. Rocce e massi calcarei ricoperti da muschio emergono nel prato o nei terreni coltivati e persino in giardini recintati di abitazioni. Aspetto questo che fa immediatamente pensare che i megaliti possano essere banali, seppur suggestivi, fenomeni carsici di superficie. Ma quando uno se li trova davanti questa prima percezione si rovescia radicalmente. Si tratta, infatti, di almeno cinque megaliti affioranti in uno spiazzo erboso dalla forma vagamente circolare. Alcuni superano abbondantemente i due metri di altezza e appaiono decisamente erosi dagli agenti atmosferici. Aspetto questo che sembra però confermare l'origine naturale del sito. Tra i cespugli circostanti si intravedono altri massi dalla natura quantomeno dubbia. Da un attenta osservazione mediante l'ausilio di una bussola, Adinolfi ha notato che almeno tre massi sembrano allineati sull'asse est-ovest. Di questo gruppo fa parte anche il più piccolo dei macigni che è quello maggiormente indiziato per essere stato posto *in situ* artificialmente.

---

[24] Un megalito è una grande pietra o un insieme di pietre usate per costruire una struttura o monumento senza l'uso di leganti come calce o cemento. Il termine *megalito* proviene dall'unione di due parole del greco antico: μέγας, traslitterato *mégas*, cioè grande e λίθος, *líthos*, che significa pietra.

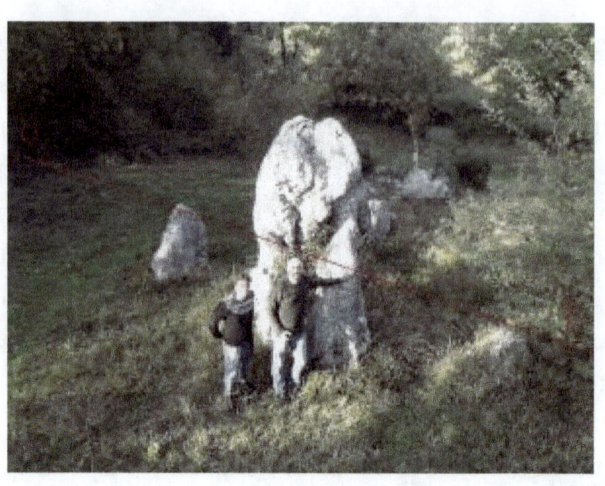

Se nel Lazio il dibattito sulla presenza di *menhir*[25] e *dolmen*[26] è ancora aperto e decisamente acceso, in tutto il resto d'Europa e nel Mediterraneo, invece, si tratta realmente di monoliti eretti, a partire dal periodo Neolitico, per scopi non ancora del tutto chiariti e certamente non univoci. I *menhir*, e i loro cugini prossimi, i *dolmen* (dal bretone, *tavola di pietra*) più celebri sono quelli presenti soprattutto nell'area Atlantica dell'Europa o nella Scandinavia meridionale. In Italia sono celeberrimi quelli pugliesi; come il *Dolmen della Chianca* a Bisceglie, BA o quello di Cisternino, non distante da Fasano, BR, oppure le *pietrefitte* visibili nei dintorni di Otranto, in provincia di Lecce. Quindi se si usa il termine *menhir* è ovvio che sia implicita

---

[25] I *menhir*, dal bretone *men* e *hir*, che significa *pietra lunga*", sono dei megaliti monolitici eretti solitamente durante il Neolitico, che potevano raggiungere anche più di venti metri di altezza.

[26] Il *dolmen* è un tipo di tomba megalitica preistorica a camera singola e, insieme al *cromlech* e al *menhir*, costituisce il tipo più noto tra i monumenti megalitici. La realizzazione dei *dolmen* viene collocata nell'arco di tempo che va dalla fine del V millennio a.C. alla fine del III millennio a.C..

l'opera dell'uomo. Nel caso del sito di Ceccano saranno necessarie ancora ricerche multidisciplinari per appurare la verità. In pratica l'ipotesi che al momento alcuni studiosi avanzano è che si sia al cospetto di un sito assolutamente naturale ma che sia stato utilizzato e adattato dall'uomo modellandolo sulle proprie esigenze per scopi attualmente sconosciuti. Il piccolo *menhir*, forse messo in opera deliberatamente in quel punto per creare un allineamento, potrebbe costituirne la prova; la pistola fumante. Ed è su questo elemento che certamente si concentreranno le prossime analisi. Nella foto sotto il profilo del menhir più grande sembra suggerire il volto barbuto di un guerriero che, per questo motivo, è stato subito denominato il Vichingo.

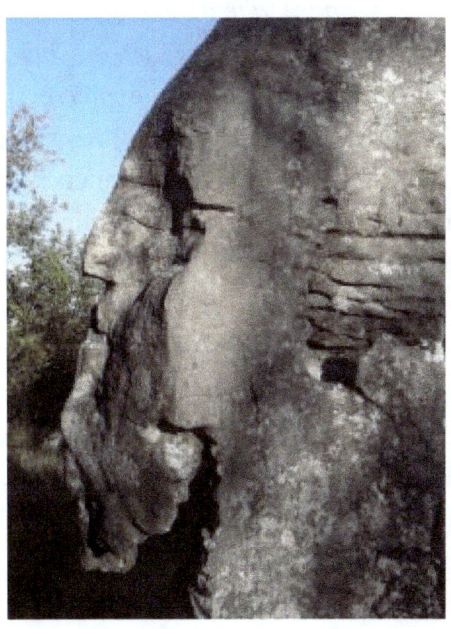

La leggenda della regina Camilla a Priverno

Camilla è figlia di Casmilla e di Metabo, tiranno di *Privernum*, uno dei principali centri della terra dei Volsci. Viene considerata la capostipite di tutte le donne ciociare, belle, attraenti e indomite guerriere, che il poeta Libero de Libero così descrive nella sua ode *Ascolta la Ciociaria...*

Tu non conosci la donna ciociara stretta al busto da lacci mordenti, il suo passo che musica i fianchi allunga la strada, accorcia il respiro di chi la vede la prima volta: la sua veste che freme gentile cela una fratta rovente di spine, brucia la mano chi tocca la rosa. La gente frettolosa non può capire se non ha bevuto il tuo elisire: o Ciociaria colore di prugna, sospiro di menta, sapore d'uva, che nelle valli ti vanti dei castani e parli col nitrito dei polledri: gli ori delle chiese, il grano nelle case sono i cimeli delle tue guerre.

Quando il padre viene cacciato dalla sua città a causa del duro governo, porta con sé Camilla ancora in fasce. Della madre di Camilla, mai citata, non si sa nulla, forse è morta nel dare alla luce la figlia. Durante la fuga, braccato da bande di concittadini, Metabo giunge sulla riva del fiume Amaseno gonfio per le piogge abbondanti al punto da non poter essere guadato. Il re avvolge la piccola Camilla nella corteccia di un albero, la lega alla sua lancia e la getta sull'altra riva del fiume. Ormai raggiunto dai suoi avversari, si tuffa in acqua e attraversa il fiume a nuoto. La leggenda narra che Camilla sia arrivata sull'altra sponda del fiume Amaseno sana e salva perché il padre la consacrò alla dea Diana, da questa consacrazione infatti le sarebbe derivato il nome Camilla, che significa... *consacrata agli dei*).

Dopo la fuga da Priverno, nessuna città accoglie Metabo né egli, a causa della sua grande fierezza, si piega a chiedere aiuto. La piccola Camilla, pertanto, cresce con il padre nei boschi, tra gli animali selvaggi e i pastori, nutrita solo con latte di cavalle selvagge. Appena comincia a muovere i primi passi, Metabo le dona arco e frecce e le insegna ad usarli. Camilla non indossa vestiti, ma solo pelli di tigre e ha un fisico perfetto. Veloce al punto di superare il vento ma al tempo stesso donna di grande avvenenza. Camilla è una guerriera, cresce addestrata sin da bambina all'uso delle armi, al combattimento e alle tecniche militari. Addirittura si narra che, come le Amazzoni, si fosse arsa una mammella per essere più agile nell'uso dell'arco. Sembra provare amore solo per le armi dopo essersi votata alla verginità eterna, come Diana, la dea alla quale il padre l'aveva affidata quando era ancora bambina. Questa fama di guerriera invincibile, nel tempo porta Camilla – ormai cresciuta – a guidare una schiera di cavalieri Volsci e un'armata di fanti con armature di bronzo. Al suo seguito anche altre donne guerriere, tra cui la fedele amica Acca. Camilla non sa filare e non conosce i lavori femminili, ma è abituata a sopportare fin da ragazza i duri scontri ed è velocissima nella corsa. La ammirano le madri e tutta la gioventù che si riversa dalle case e dai campi, ad ammirarla e festeggiare mentre avanza in corteo alla testa della sua schiera. Un regale mantello le copre le spalle, un diadema d'oro le orna la testa, porta con disinvoltura la faretra licia e, come pastorale, un'asta di mirto, sormontata da una punta. Quando Enea giunge nel Lazio per scontrarsi con i Rutuli, Camilla soccorre Turno alla testa della cavalleria dei Volsci e di uno stuolo di fanti. La sua figura e la sua baldanza incutono spavento. Turno, che pure ammira il nobile gesto e il coraggio di Camilla, decide che la sua alleata deve affrontare sola la pericolosa cavalleria tirrenica, riservando a sé il compito di contrastare e battere Enea. Gli atti di valore di Camilla non si contano. Fa strage di nemici, si lancia in ogni mischia, insegue e colpisce a morte ogni avversario che vede, affronta ogni pericolo. Camilla crea lo scompiglio nei pur forti Etruschi e mette in fuga le schiere nemiche al punto che deve intervenire il re Tarconte per fermare i suoi ormai in rotta. Ma il perfido Arunte la segue nella battaglia per cercare di sorprenderla. E coglie l'occasione quando essa si presenta. L'eroina, avida di ricca preda, scorge il frigio Cloreo, che in patria era sacerdote di Cibele. Il guerriero sfoggia un'armatura abbagliante d'oro e porpora, coperto da una clamide color del croco mentre scaglia frecce dalle retrovie col suo arco cretese. Camilla si mette al suo inseguimento accecata dalla bramosia di impossessarsi delle sue armi. Allora il giovane etrusco, nascosto tra la boscaglia e invisibile all'eroina, le scaglia alle spalle una lancia guidata dal volere divino di Apollo che la ferisce a morte, le trafigge il costato e sbuca appena sotto al seno. Accorrono trepidanti le sue compagne per soccorrerla. Camilla, indomita, si strappa la lancia, ma la punta resta incastrata tra le costole. Ormai morente si sente venir meno, cade e affida ad Acca, la sua compagna più fedele, un ultimo messaggio: informare Turno della sua morte affinché entri in battaglia e difenda le terre dai Troiani. Arunte fugge, ma viene trafitto dalla freccia di Opi, ninfa del seguito di Diana. La morte della vergine Camilla sarà il preludio della sconfitta dei Rutuli e degli Italici tutti, stanziati nell'Italia meridionale. Turno, a sua volta, riuscirà a sconfiggere moltissimi nemici, ma sarà ucciso da Enea nel duello finale.

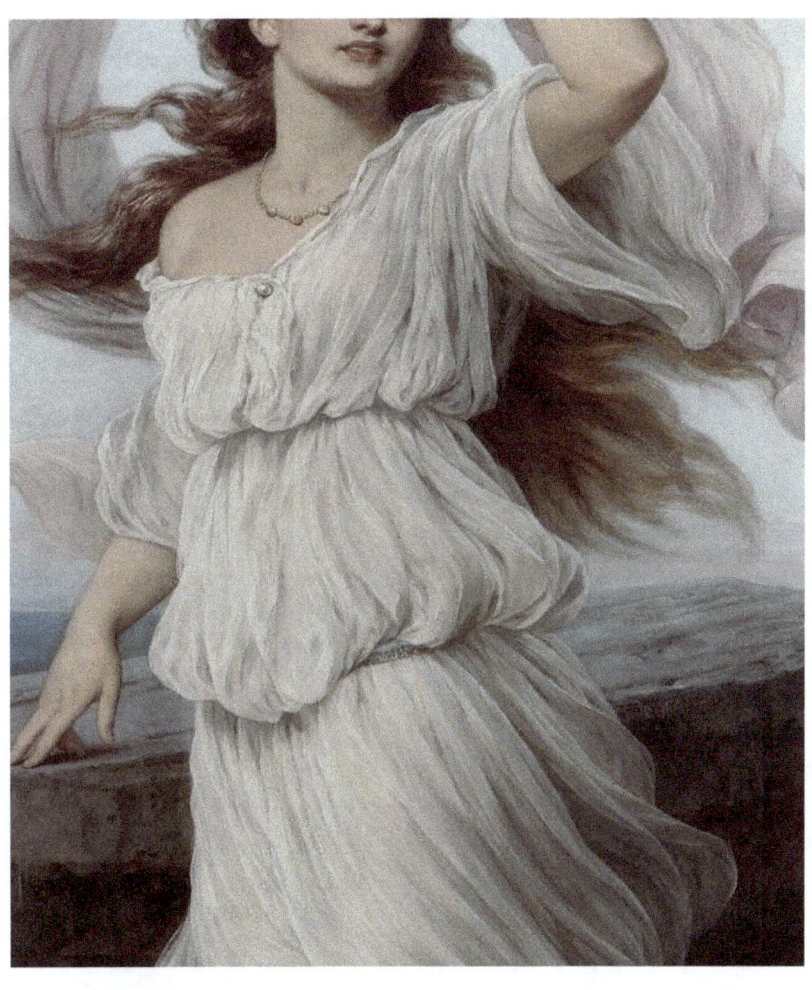

La riproduzione di una stampa d'epoca raffigura la bella Regina vergine Camilla.

Il miracolo della liquefazione del sangue ad Amaseno

La vulgata vuole che Amaseno possieda un tesoro prezioso e unico conservato nella Collegiata di Santa Maria Assunta fin dal 1177, la prodigiosa Reliquia del Sangue di San Lorenzo Martire.

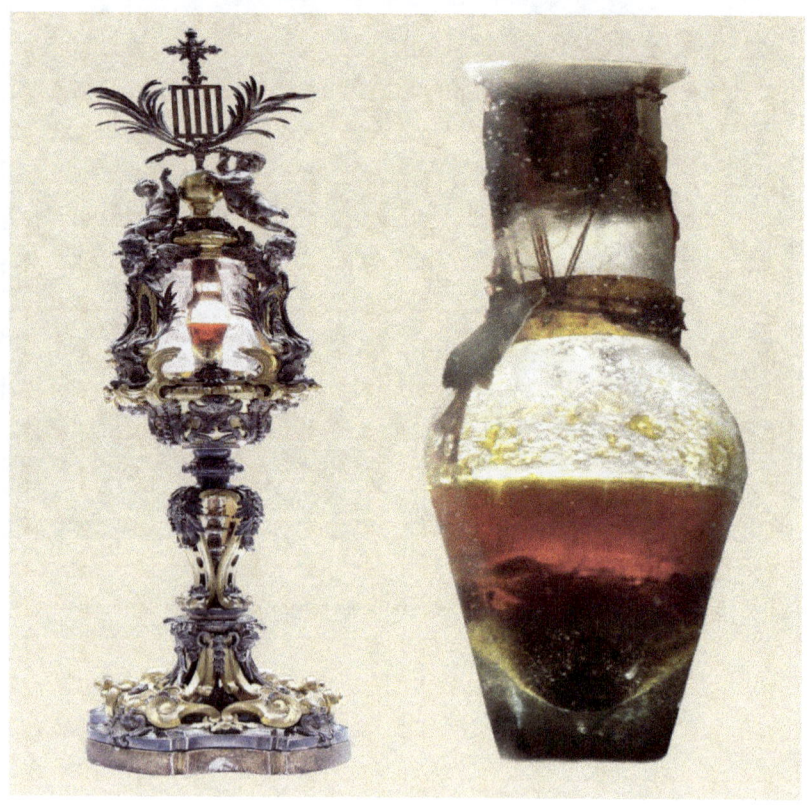

Nell'atto di consacrazione, una pergamena in latino e una in italiano volgare, oltre alle informazioni inerenti l'evento della consacrazione della chiesa, 8 settembre 1177, c'è una lista di reliquie presenti nella chiesa in quel giorno solenne. Tra queste è menzionata una particolare reliquia definita in latino *de pinguedine s. Laurentii Martyris* e in italiano volgare *delle grassecze de santu Laurentiu martiru*. Si tratta di una fiala in vetro contenente una sostanza all'apparenza di colore bruno allo stato solido. Nel corso dei secoli, l'ampolla del sangue di San Lorenzo è stata custodita in diversi luoghi. In una stanza laterale della chiesa vi è un imponente e artistico armadio, costruito all'inizio del 1700, con quattro ante. Una parte di questo armadio contiene gli arredi sacri, un'altra parte, decorata finemente, quasi a costituire una piccola cappella, era dedicata alla custodia delle reliquie. Non si conosce prima di questa data né il luogo dove era conservata l'ampolla del sangue di san Lorenzo, né il modo. Ancora agli inizi del 1600 non si hanno particolari notizie di questa reliquia, fino a quando viene notato con stupore che quel prezioso contenuto, nella ricorrenza della festa del Santo Martire il 10 agosto, passa spontaneamente dallo stato solido e compatto allo stato liquido. Come ricordano alcuni storici, *uomini di provata fede,* pare si tratti dell'allora vescovo di Ferentino e del Principe Colonna, feudatario di Amaseno, informarono l'allora Papa Paolo V regnante dal 1605 al 1621, il quale rimase ammirato dal *portento del Martire* e volle per sé alcune gocce di *questo prodigioso sangue* da conservare tra le altre reliquie dei santi nel sacrario della cappella da lui eretta presso la Basilica di S. Maria Maggiore in Roma. Il fatto prodigioso sicuramente creò notevole interesse, tanto che il cardinale Girolamo Colonna

(1604-1666), signore di queste terre, fece racchiudere questa preziosa ampolla in un reliquiario d'argento. Molto probabilmente l'ampolla del sangue del santo è un magnifico reliquiario attribuito alla scuola del grande artista Gian Lorenzo Bernini. Il grumo fisiologico che vi è contenuto, durante l'anno appare in forma solida e di colore rosso scuro, ma, in occasione della festa del 10 di agosto di ogni anno, si liquefa, assumendo un bellissimo colore rosso vivo. Tale prodigio si ripete puntualmente ogni anno nei giorni a ridosso della festa del santo fin dagli inizi del 1600. C'è da dire che nel 1649 Paolo Aringhi, dell'Oratorio di San Filippo Neri, scrittore e archeologo, incaricato dal cardinale Girolamo Colonna, fu testimone di una liquefazione che egli riporta nel suo scritto *Roma subterranea novissima in qua post Antonium Bosium antesignanum, Joannem Severanum, Congr. Oratorii Presb., et celebres alios scriptores, antiqua Christianorum et precipue Martyrum Coemeteria illustrantur, Romae*, 1651. Ogni anno, dunque, nella ricorrenza della festa di San Lorenzo, il 10 agosto, si rinnova puntualmente questo fenomeno prodigioso, in modo spontaneo e senza ricorso a movimenti dell'ampolla provocati manualmente. In genere la massa impiega circa nove giorni per raggiungere il massimo grado della liquefazione, fino a raggiungere una fluida consistenza che permette al liquido di muoversi liberamente nell'ampolla se questa viene appena scossa. Allo stato liquido la sostanza appare fluida e trasparente alla luce, cosa impossibile quando è allo stato solido, lasciando chiaramente vedere un deposito sul fondo di terra e cenere e un pezzo di pelle che galleggia liberamente in esso. Questo fatto prodigioso in alcune occasioni si è verificato anche in altri periodi dell'anno. Nella Chiesa di Santa Maria

Assunta, dove è custodita negli anni 1754 e 1759, in occasione della visita del Vescovo diocesano Pier Paolo Tosi, il 3 ottobre 1954 davanti al Vescovo diocesano Tommaso Leonetti; e il primo settembre del 2001 alla presenza di un pellegrinaggio di San Lorenzello (Bn). E anche in occasione di pellegrinaggi della stessa reliquia: il 15-21 ottobre 1967 a Firenze il sangue si è liquefatto due volte; il 21-28 settembre 1969 a Milano il sangue rimase sciolto per tutta la settimana. E, ancora in occasione del pellegrinaggio a Malta nella cittadina di San Lawrenz nell'isola di Gozo il 24 e 25 luglio 2014. C'è da dire che in questi casi la liquefazione avviene in modo improvviso e spontaneo. Oltre al prodigio annuale della liquefazione c'è da annotare un particolare che lascia ulteriormente stupiti, la sommità dell'ampolla di vetro presenta una evidente rottura, una crepa, con la mancanza di una scheggia vitrea. La fiala, poi, è chiusa semplicemente con un tappo di semplice garza e relativi sigilli in ceralacca. Tale frattura, che impedisce la chiusura ermetica del contenitore, permette uno scambio gassoso tra l'esterno e l'interno della fiala e il materiale che è contenuto all'interno non subisce alcuna corruzione o diminuzione della massa.

La casa infinestrabile a Ferentino

Questa invece è una storia più recente, ma certo non meno spaventosa. Lungo la via Casilina, esattamente al km 68,700, andando da Ferentino in direzione di Frosinone, sul lato destro della strada appare una vecchia casa diroccata, seminascosta dietro un'ordinata fila di alberi. Fin qui niente di particolare, direte. La cosa strana è che su quella casa se ne dicono di tutti i colori. Sembra che sia sempre stato impossibile montare gli infissi, perché le misure delle finestre cambiano in continuazione. Si dice poi che la notte sia molto meglio stare alla larga, per via di inquietanti e inspiegabili fenomeni soprannaturali. Da cosa dipendono non è chiarissimo, e nemmeno è chiaro cosa sia successo lì dentro: pare qualcosa di terribile. Chi parla di amanti carbonizzati, chi di crimini nazisti, chi di strane storie di roulette russa, chi di magia nera. Insomma, voi mettetela come volete, ma se per qualsiasi motivo vi trovaste a passare da quelle parti tirate dritto. La casa *infinestrabile*, è così chiamata per un fatto molto singolare: pare che ogni volta che si provi a ristrutturarla, le misure cambiano e si ritrova tutto sfasciato il giorno dopo. Questo enorme casolare abbandonato, che anch'io ho visto un sacco di volte percorrendo la via casilina, pare appartenesse a una famiglia che non abita più nel lazio, da tempo si è trasferita altrove. La leggenda narra che, in pratica, li dentro dei bambini furono massacrati dalla loro stessa nonna, che poi si suicidò. La casa è molto grande, con un giardino immenso, e doveva pure essere bella ma ora è diroccata, perché nessuno osa provare a ristrutturarla, e nessuno vuole ristrutturarla, sembra che la casa sia intoccabile. Tutti i muratori che ci hanno lavorato all'interno, sostengono di aver sentito bambini urlare, e che tutto quello che ricostruivano il giorno dopo era di nuovo distrutto. Esiste anche un filmato che mostra il fantasma di una donna anziana attaccata al soffitto che guarda in camera e ride. Che non fosse la nonnina assassina?

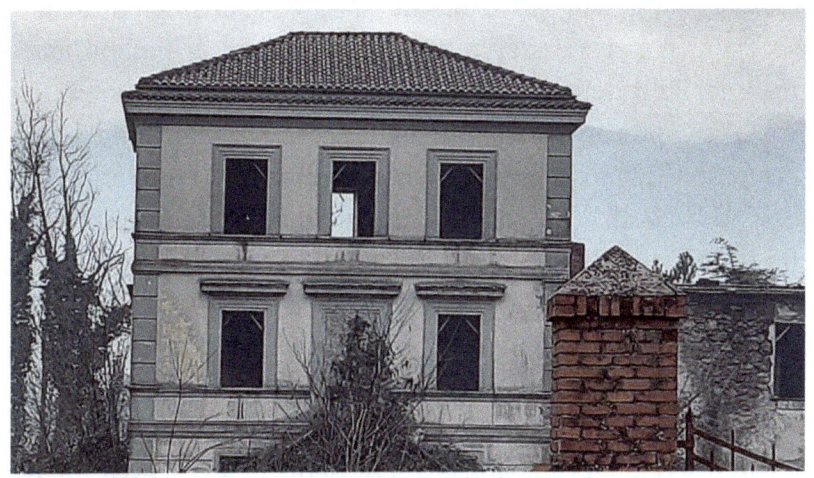

Il *Sator* di Valvisciolo a Sermoneta

L'abbazia di Valvisciolo risale al XIII secolo e sorge sulla Valle dell'Usignolo, ai piedi del Monte Corvino, nelle immediate vicinanze del bellissimo borgo di Sermoneta. Un luogo avvolto nel silenzio, che sprigiona un fascino arcano, specialmente se si osserva la quantità enorme di simboli incisi fra i capitelli delle bifore nel chiostro e nelle sale interne. Un vasto campionario di simbologia sacra, riconducibile ad un percorso di conoscenza mistico e spirituale. I Templari fecero dell'Abbazia di Valvisciolo una loro base importante, si stima fra il XIII e il XIV secolo: ne è prova la croce patente scolpita sulla sinistra nell'oculo centrale del rosone, all'entrata della chiesa dedicata ai santi Pietro e Stefano. In realtà le origini di questo luogo sacro sono molto più antiche, e risalgono all'VIII secolo, quando qui arrivarono alcuni monaci greci e costruirono una prima abbazia, poi ricostruita successivamente nel XIII secolo proprio dai Cavalieri Templari, al ritorno dalle Crociate. Tra i tanti simboli presenti nei vari locali dell'Abbazia di Valvisciolo, è senza dubbio il *Sator* quello più rilevante. Si trova graffito in minuscole dimensioni, sui resti dell'antico intonaco, eseguito sul lato occidentale del chiostro, subito sulla destra per chi entra dal corridoio d'ingresso accanto alla chiesa. Il *Sator* di Valvisciolo costituisce un esemplare unico al mondo, giacché in esso al crittogramma è unita la simbologia delle linee concentriche, curve o rette, propria dei misteriosi *reticoli celtici*. Una particolarità, questa, che dunque parrebbe idealmente attestare il legame tra la triplice cinta[27] e il *Sator*. Le lettere iniziali delle parole che formano il testo del celebre *quadrato magico*, *SATOR AREPO TENET OPERA ROTAS*, qui sono infatti inserite in un cerchio suddiviso da cinque anelli concentrici e da una sorta di stella a cinque punte, che a sua volta delimita un settore per ogni parola. Attorno all'iscrizione, sono inoltre visibili enigmatiche scritte in antichi caratteri onciali ed altri accenni di segni simili in un cerchio più piccolo. È interessante infine notare come sulla stessa parete ove è graffito il *Sator* siano presenti, qualche metro sulla sinistra e sempre su tracce d'intonaco, numerosi esempi di *Nodo di Salomone*[28] e persino un *Centro Sacro* (o *Omphalos*[29]) in una variante complessa e insolita; al posto del quadrato si vede un rettangolo con sviluppo verticale, formato da venti piccoli quadrati semplici e con rette oblique interne tracciate in maniera piuttosto irregolare. Questi, nell'ambito della dottrina misteriosofica templare, costituivano acquisizioni fondamentali lungo il cammino di auto-perfezionamento e di conoscenza di sé. L'Abbazia di Valvisciolo conserva dunque un vero e proprio campionario di quella simbologia sacra che è comunemente ricondotta all'Ordine del Tempio[30]. Tuttavia, la qualità spesso abbastanza approssimativa della maggior parte dei simboli rilevabili, la loro evidente non-monumentalità e cioè il fatto che tali segni non siano elementi progettati nel contesto dell'Abbazia, fatta eccezione ovviamente per la *Stella*

---

[27] La triplice cinta è un simbolo sacro rappresentante l'orientamento dell'uomo nello spazio e nell'ambito vitale, l'opposizione della terra al cielo, ma può rappresentare anche l'universo creato: terra e cielo, opposto al *non-creato* e al creatore. È presente in moltissime culture e la si ritrova in molti paesi del mondo.

[28] Metafora del cammino esoterico verso la conoscenza di sé e verso la Verità.

[29] Ritenuto affine alla triplice cinta ma più raro, l'*Omphalos* rappresenta la metafora dei valori di giustizia e di equilibrio.

[30] Definisce I cavalieri templari, noti anche semplicemente come templari.

Polare e i *Nodi di Salomone* della Sala Capitolare, insieme alla sensazione che siano stati tracciati quasi di nascosto come testimoniato da quelli rimasti incompleti, fanno pensare o ad un messaggio metaforico oggi andato perduto, diffuso nella devozione di pellegrini in una situazione di analfabetismo generalizzato, oppure ancora, e più plausibilmente, ad una sorta di codice segreto pertinente alla volontà di alcuni visitatori di lasciare la traccia di un sapere riservato a pochi eletti. Qualunque sia la verità, non si può tuttavia attribuire con certezza il *Sator* e gli altri simboli di Valvisciolo al periodo di frequentazione templare di questi luoghi, vale a dire, approssimativamente, tra il XII e il XIII secolo. Ma la loro paternità rimane tutt'oggi sconosciuta.

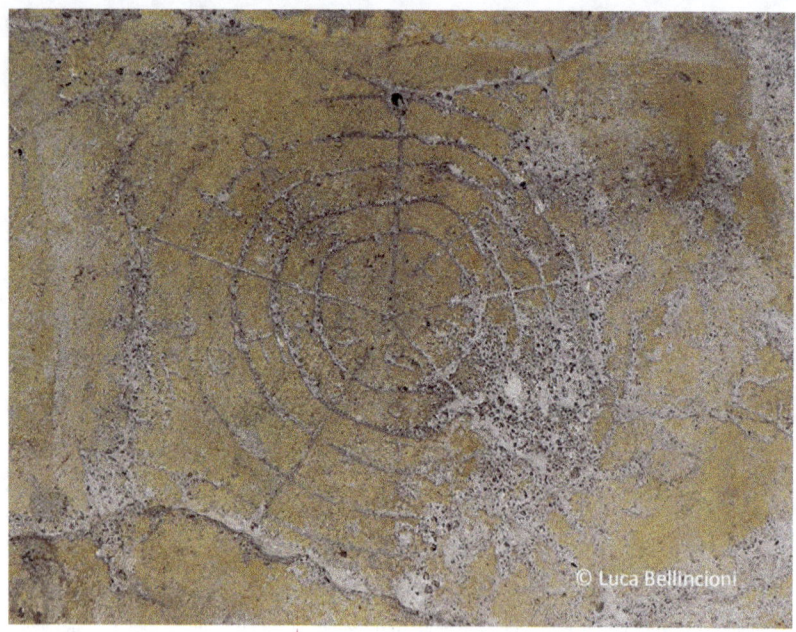

© Luca Bellincioni

Dinosauri a Esperia e Sezze

Esperia è una cittadina del Basso Lazio situata nella provincia di Frosinone, posta a 370 m. sul livello del mare, alle pendici del Monte Cecubo. Il paese è dominato dai resti del castello normanno. Circondata da monti e colline ricoperte di boschi e uliveti, Esperia si affaccia ad est sul territorio pianeggiante della Valle del Liri sovrastata dall'Abbazia di Montecassino. E' uno dei territori più vasti tra tutti i 91 comuni della provincia di Frosinone e risulta facilmente raggiungibile dai comuni limitrofi e da chi proviene sia da Roma che da Napoli. La nascita di Esperia è avvolta nel mistero; l'origine del suo nome, per esempio, è incerta e, secondo lo storico locale Alfonso Parisse, potrebbe derivare dall'astro Espero. Secondo altri, invece, potrebbe derivare dal nome arcaico dell'Italia[31]. Alcuni studiosi fanno risalire i primi insediamenti sul territorio esperiano come conseguenza della distruzione della vicina colonia romana di *Interamna Lirenas*; mentre appare certa la creazione di borghi antichi voluta da Montecassino nel X secolo. La popolazione che prima di allora abitava in piccoli insediamenti sparsi sul territorio fu progressivamente convogliata nei pressi di San Pietro e di San Paolo della Foresta, due monasteri benedettini costruiti per sostituire il più antico Santo Stefano, distrutto tra l'817 e l'828 dai musulmani. Il castello medievale normanno fu costruito intorno al 1100, su probabili preesistenze più antiche, dal cavaliere Guglielmo di Glossa Villa, il quale concentrò la popolazione nell'abitato intorno al maniero, che prese il nome di Roccaguglielma.

---

31 Per la mitologia Esperia era un giardino meraviglioso curato dalle Esperidi.

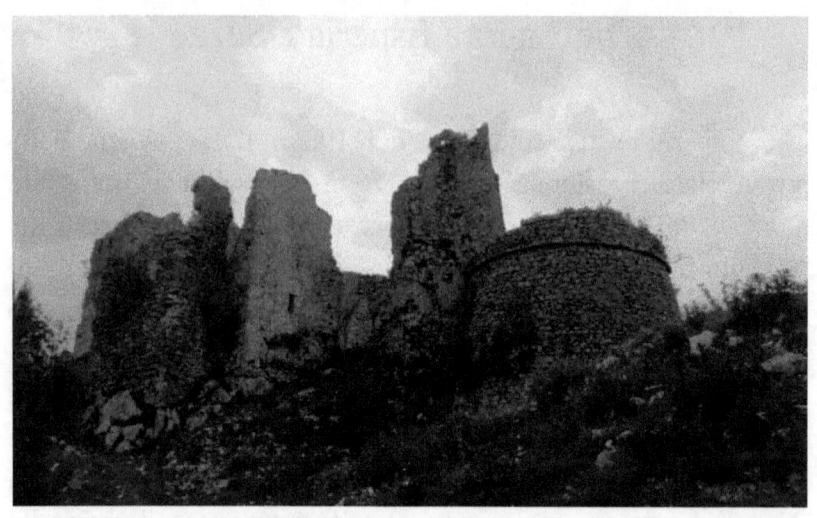

Il castello, per la sua posizione strategicamente importante, era funzionale al controllo dell'importante passo montano che congiungeva direttamente i possedimenti normanni di Pontecorvo ed Aquino con Gaeta, senza passare per Cassino. Roccaguglielma con i vicini centri di Pico, San Giovanni Incarico, Campello e Rivomatrice formò uno staterello indipendente, denominato dei *cinque castelli de Foris*, posti fuori dei possedimenti dell'Abbazia di Montecassino. Il castello, ridotto a rudere, è ora raggiungibile attraverso una strada carrabile che parte dal centro urbano e raggiunge un piazzale ricavato tra i muri del castello e la chiesa di Santa Maria delle Grazie. Esperia può essere considerato un vero e proprio museo a cielo aperto, il cui patrimonio artistico, storico e culturale è messo in luce e a disposizione del turista attento e curioso. Notevole è il patrimonio sacro della città, costituito da numerose chiese e chiesette che testimoniano la profonda religiosità del luogo.

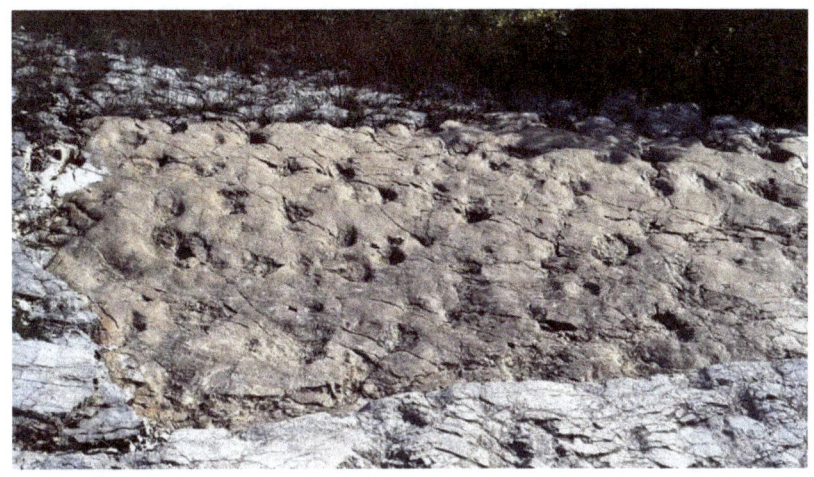

Quelle scoperte ad Esperia, nel 2006, sono le più antiche orme di dinosauro mai scoperte nel Lazio. Le orme sono state rinvenute quasi per caso da Maria Grazia Lobba e Sergio Nozzoli, del Gruppo Speleologico di Grottaferrata, spesso in zona a perlustrare le numerose grotte dei monti Aurunci, e si trovano in località San Martino, lungo la strada che conduce all'altopiano di Polleca. Sono di eccezionale importanza perché appartenenti a circa tre specie. Le orme di dinosauro, oltre a contribuire a ridisegnare le teorie e il contesto storico, sono oggi una delle principali attrattive del comune di Esperia, meta di visite di scolaresche, esperti, comitive di appassionati e di curiosi. Il sito è facilmente raggiungibile in automobile e a poche centinaia di metri, in località pozzo di San Martino, è stata allestita un'area picnic dove è possibile parcheggiare. Le orme di dinosauro rinvenute ad Esperia sono più di 40 e risalgono a circa 120-140 milioni di anni fa. Ad affermarlo il prof. Umberto Nicosia, docente del dipartimento di Scienze della Terra dell'Università *La Sapienza* di Roma, esperto mondiale di orme di dinosauro. Le impronte finora studiate sono di due tipologie. Una presenta tre dita dirette in avanti, in cui sono visibili chiare tracce di unghie. L'altra tipologia consiste in impronte circolari o ellittiche con lunghezza variabile dai 30 ai 40 centimetri. Le impronte risalgono al periodo Cretaceo[32], quando l'intero territorio era ricoperto d'acqua. Questi pachidermi[33] che potevano arrivare a pesare anche 10 tonnellate, hanno lasciato le loro orme sul fango e su queste si sono sedimentati altri strati di materiale, fenomeno detto tecnicamente a *frana poggio*[34].

Le impronte di dinosauro di Esperia fanno il paio in Ciociaria con quelle rinvenute a Sezze. Un'altra delle più importanti scoperte paleontologiche del Centro Italia che sta riscrivendo la storia geologica del bacino del Mediterraneo. Le impronte setine risalgono al periodo Cenomaniano[35], quindi sono più recenti delle altre. Prima di questa scoperta si pensava che il Mediterraneo dovesse essere solo un grande oceano, ora si ha la certezza che c'erano terre emerse in un clima tropicale. La scoperta non è stata casuale ma frutto del desiderio di investigare questo territorio così particolare. L'area dei Monti

---

[32] Nella scala dei tempi geologici, il Cretacico o Cretaceo, corrisponde al terzo e ultimo periodo dell'era Mesozoica. È compreso tra 145,5 e 65,5 milioni di anni fa, preceduto dal Giurassico e seguito dal Paleogene, il primo periodo della successiva era Cenozoica o Terziaria. Per la sua durata, di circa 80 milioni di anni, è il più lungo periodo dell'eone Fanerozoico ed è anche più lungo dell'intera era successiva del Cenozoico, il quale include il periodo attuale. Viene comunemente suddiviso in due epoche, il Cretacico inferiore e il Cretacico superiore.

[33] I pachidermi sono un ordine di mammiferi. Il nome *pachiderma* deriva dalla composizione di due parole greche: παχυ, si legge *pachiu* e δέρμα, si legge *derma*; col significato di *pelle spessa*, in riferimento alla pelle spessa e coriacea la cui presenza è stata utilizzata da Cuvier come elemento accomunante.

[34] In geologia si definisce così un versante costituito da rocce sedimentarie nel quale le superfici di strato hanno immersione nello stesso verso dell'inclinazione del versante.

[35] La parte superiore del Cretacico Inferiore, qualcosa come 95 milioni di anni fa.

Lepini è unica dal punto di vista geologico perché presenta almeno 95 differenti *geositi*, ossia punti di notevole interesse geologico. Esempi di queste particolarità sono le antiche scogliere marine, i punti in cui gli strati geologici si piegano o si fratturano, le doline carsiche e, soprattutto, le orme dei dinosauri di Sezze. In una cava sono state rinvenute 200 impronte di dinosauri appartenenti a specie diverse di animali su tre diversi strati geologici. Ed è per questi numeri che la Regione Lazio ha elevato il parco di Sezze a Monumento Naturale.

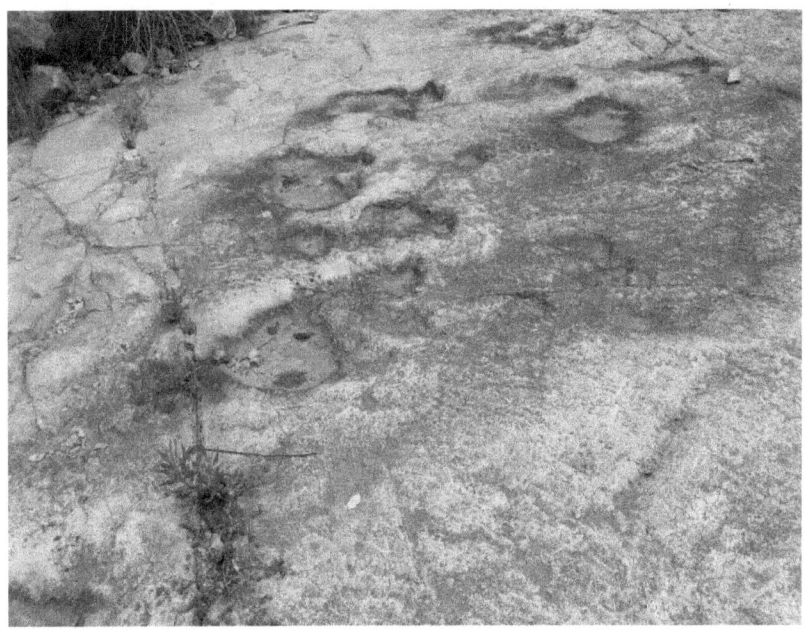

Nella foto di repertorio una parte esigua delle numerose impronte rinvenute a Sezze, LT.

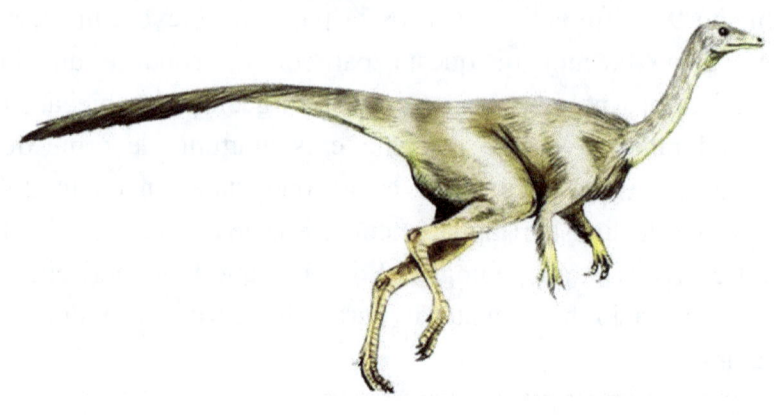

I dinosauri di Sezze appartengono a diverse specie: alcuni sono sauropodi[36] erbivori, meglio noti come brontosauri, e alcuni sono carnivori bipedi. Comunque tutti animali di media taglia, pur trattandosi di lunghezze e grandezze ragguardevoli: circa 4-6 metri e 8-10 tonnellate di peso per i sauropodi. Dalla presenza degli erbivori si deduce che tutta l'area era coperta da una folta vegetazione di tipo tropicale. La presenza di impronte è dovuta al passaggio degli animali su aree fangose da poco emerse dalle acque in un'area che lambiva il mare.

---

[36] I sauropodi sono un gruppo di dinosauri saurischi, esclusivamente erbivori, vissuti tra il Triassico superiore e il Cretacico superiore. I sauropodi corrispondono all'immagine stereotipata del dinosauro: un gigante impacciato con collo lungo, testa piccola e coda lunghissima.

Le streghe di Fossa Juanna a Spigno

Fossa Joanna è una località montana posta alle falde del Monte Petrella, il più alto degli Aurunci, nel comune di Spigno Saturnia. Una dolina prativa, ben nascosta nel bosco e circondata da faggete, del diametro di circa 100 m.. Un punto di passaggio solo per i pochi che percorrono il sentiero che da Spigno porta al monte. Molte leggende aleggiano intorno a questa conca naturale ricca di fascino e che suggerisce racconti di mistero. Una è quella della strega Joanna. Una fattucchiera dedita al culto del demonio, esperta di erbe officinali e preparatrice di pozioni curative ma anche venefiche. Particolare molto interessante: sul terreno della radura che ha preso il suo nome fiorisce il *rumex acetosa,* la cd. *pianta del sangue* che, per i curatosi medievali, era considerato particolarmente utile per curare e guarire anche la peste e il colera. Tra gli abitanti del luogo più anziani c'è ancora chi sostiene che la notte di San Giovanni, il 24 giugno, proprio al centro della pianura compaia dal nulla una vecchia che per molti personifica la strega Joanna. Un'altra leggenda, tramandata da secoli, narra che una donna del posto, avendo informato le milizie che nei pressi della piccola radura erano soliti aggirarsi dei briganti, fosse stata trovata orribilmente impalata appena qualche giorno dopo da quelli che si recarono per un sopralluogo sul posto. A proposito di sabba satanici, c'è chi racconta che non molti anni fa, il giorno dopo San Giovanni, furono rinvenuti i resti di un grande falò con le ceneri ancora calde. Alcuni proprietari di cavalli hanno dichiarato di aver trovato spesso al mattino le loro bestie ricoperte di abbondante sudore e con le criniere e le code intrecciate. E sette topi sono stati rinvenuti morti in una cantina non lontana legati tra loro con le rispettive code. Davvero incredibile come sortilegio ed è impossibile credere che sia avvenuto naturalmente.

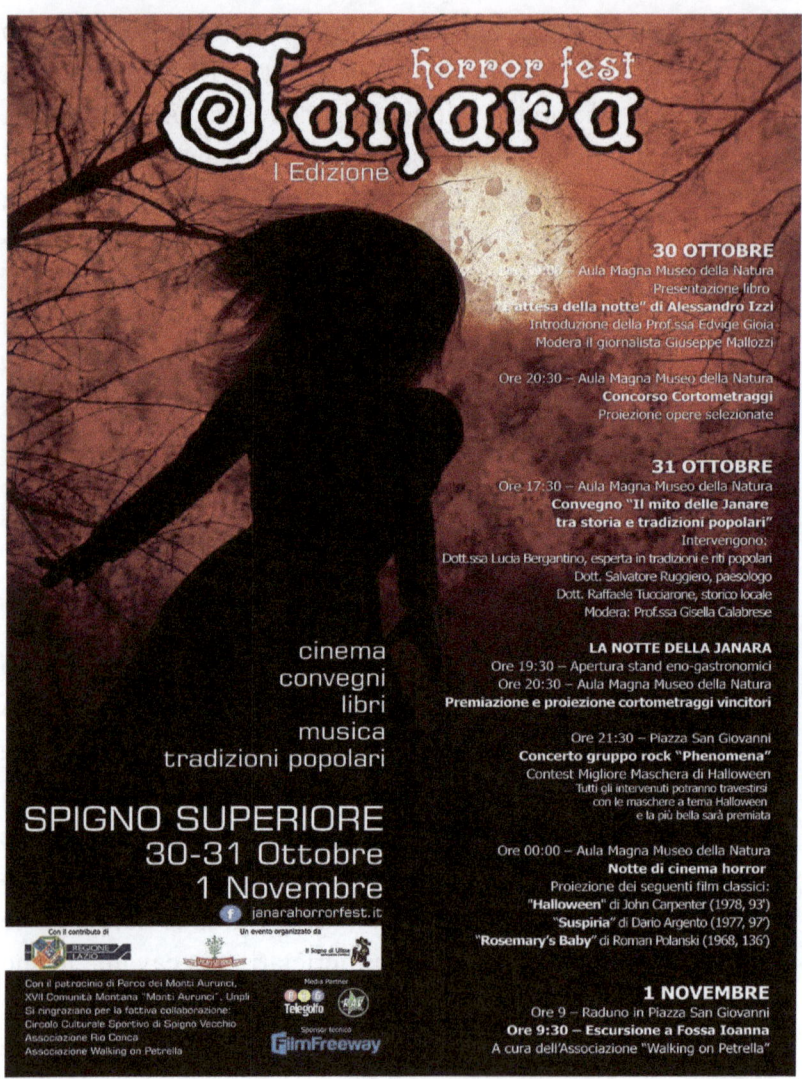

Nel ricordo di queste antiche leggende, dal 2018 a Spigno Saturnia Superiore si organizza una *kermesse* dedicata al cinema e alla letteratura fantastica denominata *Janara Horror Festival*. Nel corso della prima edizione, tenutasi nel 2018, sono stato gentilmente invitato dagli organizzatori come relatore, in quanto autore del libro *Di Streghe e di Janare*.

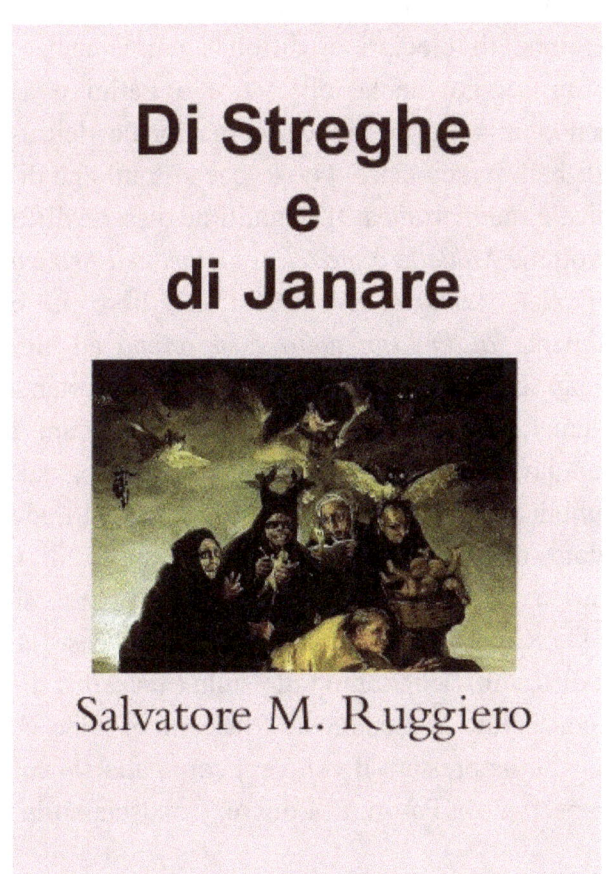

Modelle e modelli ciociari nell'arte europea

Forse non tutti sanno che alcuni capolavori dell'arte europea dell'Ottocento e del primo Novecento hanno avuto come modelle e modelli ispiratori umili paesani originari della campagna ciociara e più in particolare della Val di Comino. La scoperta si deve a Michele Santulli[37], autore di diversi libri sulla Ciociaria e sull'arte. A partire dalla prima metà dell'800 l'uso dei modelli ciociari si diffonde ampiamente, prima a Roma e in seguito anche all'estero: a Parigi e a Londra, contribuendo alla trasmissione internazionale dell'uso di un canone di bellezza ciociaro. Ovvio che si tratti che di bellezza neoclassica e mediterranea. Il Santulli ne disserta diffusamente nel suo volume *Modelle e modelli ciociari nell'arte europea, a Roma, Parigi, Londra nel 1800-1900*, libro in cui mira essenzialmente *a dare un volto e un'anima* ad alcuni tra i modelli più diffusi dell'arte occidentale, apportando anche nuovi elementi alla lettura iconografica di alcuni tra i più grandi capolavori europei. Tramite le sue ricerche, i suoi studi e la sua pubblicazione scopriamo, ad esempio, che l'adolescente immortalato nel *Ragazzo dal panciotto rosso* di Cézanne, conservato a Washington, nella National Gallery, si chiama Michele De Rosa. E che si chiama Maria Bruzzese, la modella dell'*Eva* di Rodin. Scopriamo tutto sulla *Carmelina* di Matisse, dipinto conservato a Boston al Museum of Fine Arts e su Agostina, che ha prestato il volto e il corpo alla *Dama in blu* di Corot, conservato a Parigi, al Louvre. Conosciamo la storia di

---

[37] Studioso e ciociarologo, originario di Atina, già insegnante nelle scuole superiori, è stato per oltre trent'anni antiquario a Cassino, specializzato nella pittura del XIX secolo, attività che gli ha permesso di appassionarsi a questo soggetto fondamentale della pittura occidentale.

Rosalina Pesce, la giovane bellezza ciociara che ha dato i propri tratti alla celeberrima *Semeuse* di Oscar Roty, conservata a Jargeau, al Museo Roty, ed è presente sulle monete d'argento francesi, sui francobolli e oggi anche sull'euro.

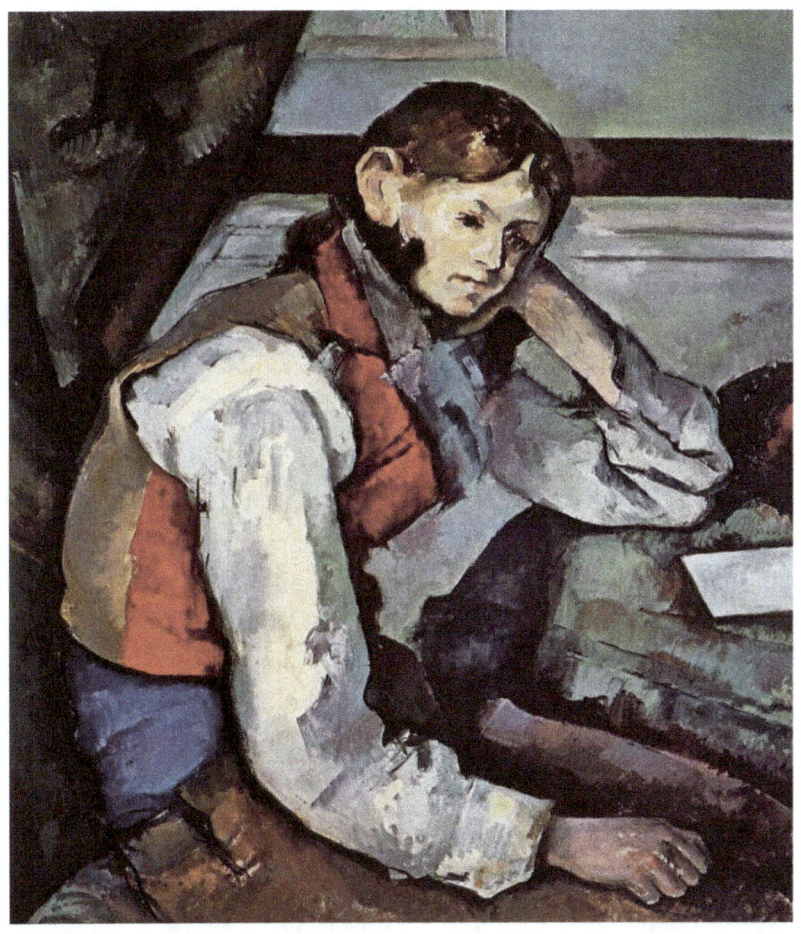

Nella foto una delle diverse versioni del ritratto de *Il ragazzo col panciotto rosso* di P. Cezanne.

Grazie alle ricerche del Santulli ci è stato possibile conoscere anche la vera identità dell'adolescente immortalato nel centro della fontana di Piccadilly Circus a Londra nei panni di *Eros o Angelo della carità*. Come pure sappiamo chi è il figlio di poveri emigranti di Picinisco che posò per la scultura di Peter Pan che si leva immortale nei giardini di Kensington sempre nel cuore di Londra. E sappiamo tutto sulla modella ciociara, la più celebre, che più è stata accanto a Matisse e che più di tutte ha significato nella sua storia artistica e anche personale. Si tratta di Loreta Arpino, che l'artista chiamava Lorette e anche Laurette, come testimoniano la maggior parte delle almeno cinquanta opere che Matisse dipinse, tra il 1916 e 1917, si dice ispirato solo da lei. Si racconta che Henri Matisse avesse la necessità irrinunciabile di contemplare il corpo fisico in posa di un modello o di una modella. Essi dovevano essere motivo di ispirazione e contemporaneamente attori delle parti e dei ruoli che egli aveva in mente in quel momento. Per questo motivo precipuo Matisse ha realizzato alcune opere notevoli con l'aiuto del modello Cesidio Pignatelli che lui chiamava Bevilacqua, e con Carmela Caira e Rosa Arpino, tutti originari di Gallinaro, paese posto su un'altura che affaccia sulla Val di Comino. Loreta Arpino posò per due capolavori del maestro francese: *Agostina Segatori*, conservato ad Amsterdam, al Museo Van Gogh, e *L'italienne*, che Matisse dipinse in una fredda giornata del fine-estate o inizio d'autunno del 1916 al quarto piano di un edificio lungo la Senna, quasi di fronte a Notre Dame, a Parigi ed è conservato sempre a Parigi, al Museo d'Orsay. Insieme alle altre due sorelle è possibile ammirare Loreta anche nel celeberrimo *Le tre sorelle*, capolavoro ora al Museo dell'Orangerie di Parigi.

Il dipinto fu così intitolato dall'artista stesso in quanto illustra Loreta, Rosa e la terza sorella Maria Elena, la minore. Un soggetto particolare che attrasse a tal punto il pittore da farne, sempre con le tre sorelle davanti a lui, una edizione a forma di trittico[38], di formato maggiore, che oggi è possibile ammirare a Philadelphia.

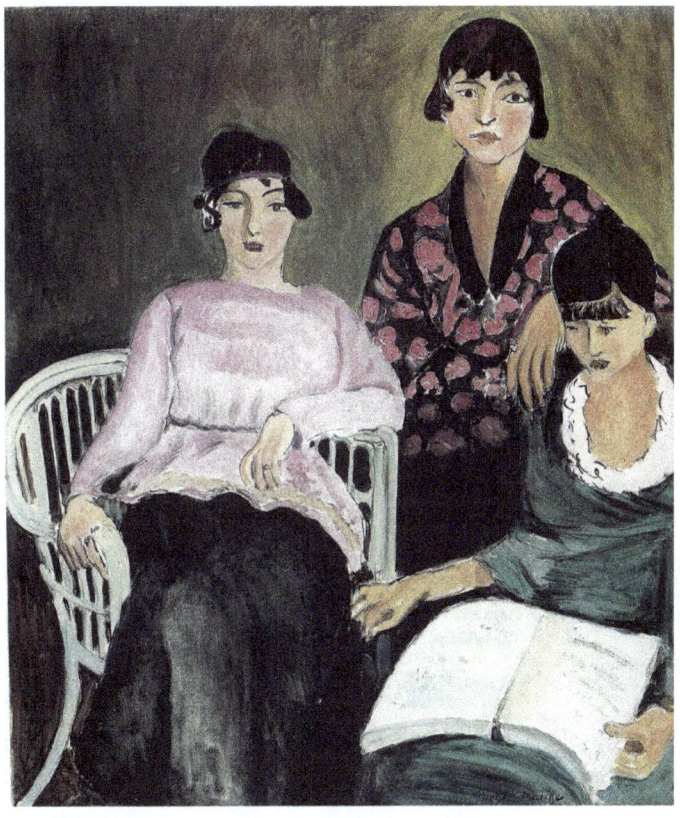

Nella foto una versione de *Le tre sorelle* dipinto di H. Matisse.

---

[38] Il trittico, dal greco τρίπτυχον, che si pronuncia: *trictucon* e che significa *tre + ptychē, piega* è un'unica opera pittorica o scultorea divisa in tre parti, che possono essere congiunte da cerniere laterali o da un piedistallo detto predella.

Balie ciociare a Roma

La Ciociaria ha dato all'Italia e in particolare alla sua capitale Roma, molte robuste balie che, lasciando le proprie famiglie e i loro paesi, si sono inurbate per crescere e allattare i neonati e i figli piccoli di tante famiglie romane benestanti. Spesso di origini contadine modeste e provenienti dai tanti piccoli paesi del frusinate, queste donne furono, alla fine dell'ottocento, reclutate da famiglie nobili e ricche. Erano ricercate principalmente per il loro prezioso e nutriente latte. Le balie ciociare avevano la reputazione di essere tra le migliori produttrici di latte. Prima di essere assunte erano sottoposte a vari ed accurati esami e visite mediche, per accertare lo stato di salute generale; il loro latte subiva un'accurata analisi organolettica per stabilire le sue alte qualità nutritive. Solo dopo che avevano superato visite e analisi erano ammesse nelle stanze più riservate delle case signorili per occuparsi dei figli dell'aristocrazia romana. Ma prima delle visite e degli esami doveva avvenire il vero e proprio reclutamento; di solito esso era pilotato dal cd. *sensale*[39]. Che, nel caso specifico, poteva essere anche una ostetrica, di solito la levatrice del paese. Ad ogni modo, come nel caso delle vacche, anche per le balie esisteva una vera e propria contrattazione, che generalmente si concludeva con un accordo economicamente molto vantaggioso per la balia, che intravedeva la possibilità di un rapporto di lavoro lungo, insieme a un'ottima opportunità di

---

[39] Il sensale, una figura molto diffusa nel frusinate, in Ciociaria e in tutto il Lazio, e non solo per quanto riguarda le balie, era, infatti, anche l'uomo che per professione nelle campagne contrattava bestiame da macellare.

guadagno. Si racconta che le balie ciociare fossero in possesso di un carattere tendenzialmente affabile e affettuoso e che tendevano a farsi benvolere dalle famiglie in cui lavoravano. Con esse si instaurano veri rapporti di amicizia, duraturi nel tempo, nonché di vero affetto, e supportati dalla riconoscenza. Benché fossero molto ben retribuite non è molto agevole quantificare quale fosse l'entità del loro compenso. Anche per il motivo che lo stipendio mensile non comprendeva solo una somma in denaro. Essendo considerate preziose esse erano oggetto di cordiali attenzioni da parte delle famiglie che le ospitavano e venivano ricoperte letteralmente di regali, vestiti su misura, gioielli e biancheria. Senza considerare somme extra di denaro per le piccole spese quotidiane. Il loro compenso ovviamente raddoppiava, con l'allattamento di un secondo bambino. L'unica controindicazione era costituita dal divieto di visitare la famiglia o di essere a loro volte visitate dal proprio marito o compagno. Non si vedeva di buon occhio il rischio che restassero incinte, e nemmeno rischiare di contaminare il latta e con esso eventualmente anche la salute del lattante. Meglio evitare che si allontanassero dal posto di lavoro. Non vedere la famiglia era certo straziante, ma la sicurezza di un lauto guadagno era un ottimo motivo di sacrificio. Alcune famiglie molto scrupolose, per non dire pignole, non fidandosi pienamente della *sensale*, delle visite e delle analisi, a volte pretendevano ulteriori forme di garanzia. Non era raro, infatti, che si usasse il sistema del *tocco*. Consisteva nel far accomodare aspiranti balie sulle seggiole, in un ambiente buio, nel quale la madre del neonato palpava fisicamente le mammelle delle candidate selezionando quelle idonee al lavoro. Altre volte queste donne dovevano sottoporsi, loro malgrado, alla *prova dello schizzo*. Si schiacciavano il seno schizzando un potente getto di latte.

Ma chi erano al secolo le balie ciociare? E quali erano i loro nomi all'anagrafe? Si ricordano, fra tanti, i nomi della balia Vincenza D'Amico di Collepardo, che allattò addirittura Elettra Marconi, figlia dell'ingegnere Guglielmo Marconi; quello della bella balia Celeste Carinci, che allattò Milo, il figlio dell'attrice Gina Lollobrigida; poi quelli di Loreta e Carolina Cerelli, sorelle di Veroli, che allattarono l'attrice Ira von Furstenberg e lavorarono anche a casa di Susanna Agnelli; infine quello della signora Vincenzina Stirpe, tra le balie ciociare più celebri, che allattò la principessa Mafalda di Savoia, figlia del re Vittorio Emanuele III e della regina Elena di Montenegro.

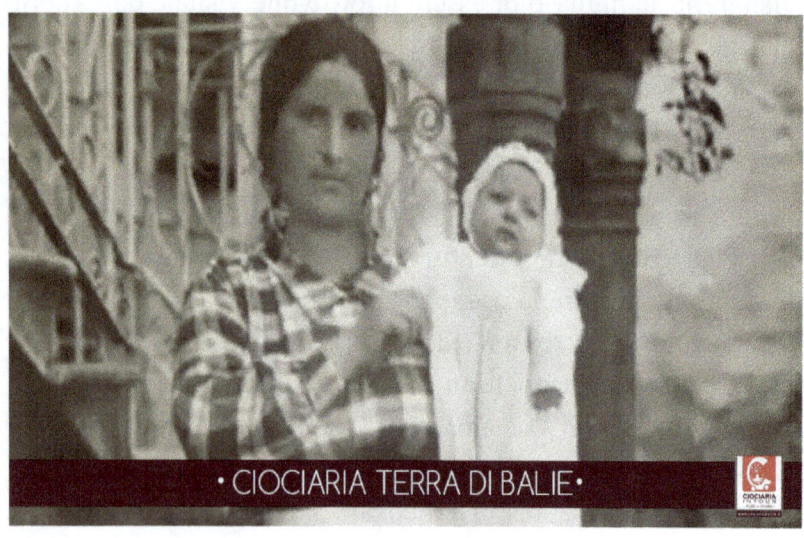

· CIOCIARIA TERRA DI BALIE ·

La montagna spaccata a Gaeta

La montagna spaccata, come si può facilmente intuire dal nome, è composta da tre fenditure nella roccia, che secondo la tradizione dei cristiani si crearono subito dopo la morte di Cristo. La fenditura centrale, la principale, ospita una scala di 35 gradini che portano all'interno della montagna, fino ad un punto panoramico, veramente suggestivo, che affaccia su uno strapiombo sul mare. Scendendo per gli scalini non si può non fermarsi ad ammirare la cosiddetta *Mano del Turco*, una fenditura nella parete a forma di mano, in essa si possono distinguere le cinque dita di una mano umana che affondano nella roccia. L'impronta, secondo la leggenda, si formò nello stesso momento in cui un marinaio turco, un miscredente pagano, scettico sull'origine sacra delle tre spaccature nella montagna e, soprattutto non credendo che la montagna si fosse spaccata alla morte di Gesù Cristo sulla croce, appoggiò la sua mano alla roccia che, miracolosamente, divenne talmente morbida e malleabile che sotto la sua pressione si formò l'impronta del palmo della mano e i cinque fori che presumibilmente furono determinati dall'ingresso delle cinque nella pietra plasmabile. Ad osservarla ancora oggi sembra davvero di vedere l'impronta di una mano e delle cinque dita impressa nella roccia traslucida. Sul posto una targa del XV secolo, in forma di distico[40] scritto in lingua latina, avverte il visitatore: *Improba mens verû renuit quod fam. Fate tu credere, at hoc digitis saxa liquata probant.* Che significa: *Un incredulo si rifiutò di credere a ciò che la tradizione riferisce, lo prova*

---

40 Consta di una coppia successiva di linee di scrittura in una poesia.

questa roccia rammollita al tocco delle sue dita. Poco più in basso della mano del turco si trova il *letto di San Filippo Neri* un piccolo giaciglio di pietra in cui si racconta si recasse Filippo Romolo Neri a pregare e a riposare. Alla fine del percorso si trova la cappella dedicata al Crocifisso che fu costruita su un enorme macigno che staccatosi dalla montagna, intorno al 1400, andò ad incastrarsi per gravità tra le due anguste pareti della fenditura ad un'altezza di 30 metri sul livello del mare. Oggi, leggende a parte, la Montagna Spaccata è parte integrante del Parco Naturale Regionale Monte Orlando, da qui i visitatori si avventurano per i sentieri collinari a strapiombo sul mare a caccia dei resti di antiche ville romane oppure della polveriera Carolina, una delle numerose strutture militari edificate sulla penisola di Gaeta durante il regno dei Borbone.

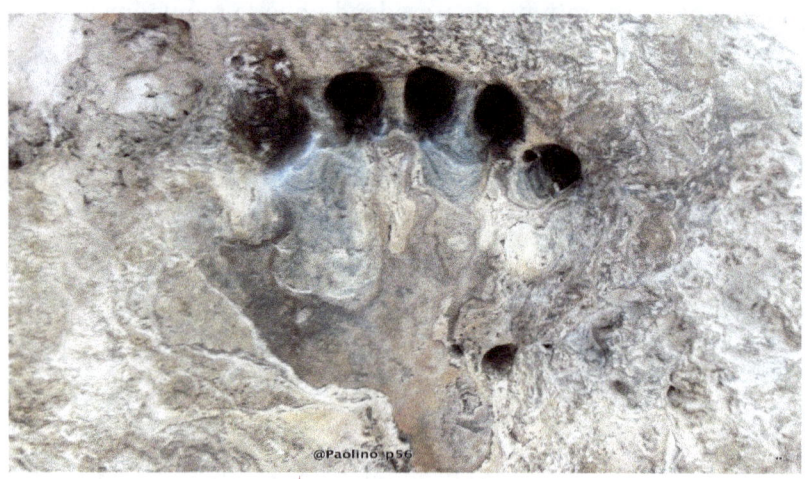

Nella foto di repertorio la Mano del Turco.

Le Gole di Lacerno a Pescosolido

Le Gole di Lacerno sono uno tra i luoghi più fantastici ma al contempo meno noti della Ciociaria, a ridosso della Marsica. Conosciute anche come il Vallone Lacerno, si trovano tra i comuni di Pescosolido e Campoli Appennino. L'intera area si estende su una superficie di oltre 2.000 ettari, confinante a nord-est con il Parco d'Abruzzo, con un andamento altimetrico che varia dai 680 m. slm. ai 2003. L'escursione per raggiungerla, pur abbastanza impegnativa e lunga, e nonostante l'asprezza dei luoghi, è adatta a tutti e a tutte le età, unica condizione richiesta è che si abbia un minimo di allenamento al trekking montano. Ovvio che venga apprezzata soprattutto dagli appassionati, che la trasformano in un'avventura nel selvaggio affascinante. A ragion veduta le gole sono considerate, dai naturalisti, una delle aree naturalistiche più belle, con all'interno un sentiero che evoca scenari frequentati solo da briganti, contrabbandieri e avventurieri. Il sentiero che raggiunge le gole parte appena fuori il paese di Campoli Appennino. Attraversa una fitta vegetazione, dove vive indisturbata una fauna molto ricca. Tra le specie più rare vi si trovano esemplari di orso bruno e lupo appenninico, falco pellegrino, aquila e gufo reali, camoscio appenninico e capriolo. Il sentiero, almeno nel suo primo tratto, è abbastanza facile da affrontare; dopo si continua guadando il corso d'acqua che si segue per tutto il resto dell'escursione. Percorsi circa 4 chilometri ci si trova nel canyon, dove si stagliano maestose pareti rocciose alte decine di metri. Si prosegue attraverso un tratto molto scosceso e finalmente si raggiunge la cascata del

Cuccetto del Diavolo. Si è accolti da un getto d'acqua scrosciante, che indica il punto d'arrivo. La vera particolarità di quest'area è quindi la ricchezza della natura. Ci si trova davanti a una vera spettacolarità di panorami, con rocce a strapiombo erose da millenni, nel rumore perenne delle acque scroscianti. Meraviglie che fanno avvertire al visitatore le stesse emozioni provate dai nostri antenati migliaia di anni fa. Numerose sono, infatti, le grotte e le caverne che insistono sul territorio, tutte provocate da fenomeni carsici. Dove si trovano reperti risalenti all'era Neolitica[41]. Nel vallone si trovano anche reperti archeologici d'epoca romana risalenti al I/II sec. a.C., oltre a resti di ponti e di un acquedotto che i locali chiamano *Condotto di Nerone*. Insomma, siamo al cospetto di un sito che va conosciuto apprezzato e salvaguardato. Per questo motivo le Gole di Lacerno rientrano nella fascia di protezione esterna del Parco Nazionale d'Abruzzo, Lazio e Molise. Tra i diversi vincoli esistenti quello idrogeologico, visto che il corso d'acqua alimenta l'acquedotto di Val San Pietro.

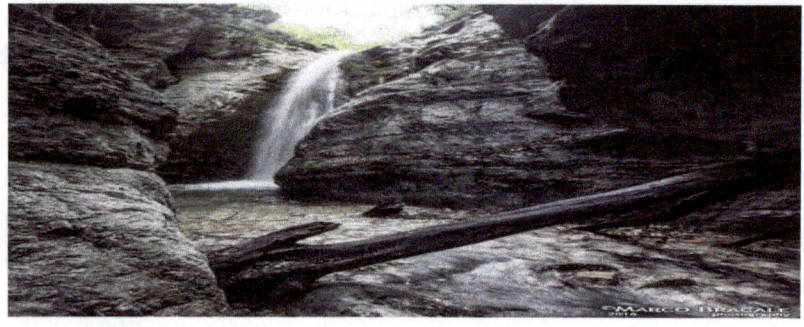

---

41 Il Neolitico è l'ultimo dei tre periodi della preistoria che costituiscono l'Età della pietra, e va dal 10.000 a.C. al 3.500 a.C. circa. Etimologicamente il termine deriva dalle due parole greche νέος: *nèos, nuovo* e λίθος: *lithos, pietra*, e significa quindi *età della pietra nuova*.

L'Ulivo di Enea a Coreno

Un ulivo secolare, se non millenario, si trova a Coreno Ausonio, FR, conservato in perfetto stato, in via Don Giuseppe Lavalle. E' documentato nel bel libro: *Alberi monumentali del Lazio*[42]. Può sembrare incredibile ma fruttifica ancora in modo abbondante. Per la sua longevità è stato ribattezzato simpaticamente *l'Ulivo di Enea* dall'amico Jean Pierre Maggiacomo. E' anche stato censito tra *I Luoghi del Cuore* dal FAI. Per cingere tutt'intorno il tronco dell'albero, che alla base misura una decina di metri di diametro, ci vogliono almeno 5 uomini con le braccia tese. A poca distanza da questo, perfettamente visibile dalla strada e nella stessa proprietà, si trova un altro ulivo, anch'esso molto longevo, probabilmente coevo del precedente, purtroppo non nello stesso eccellente stato di conservazione.

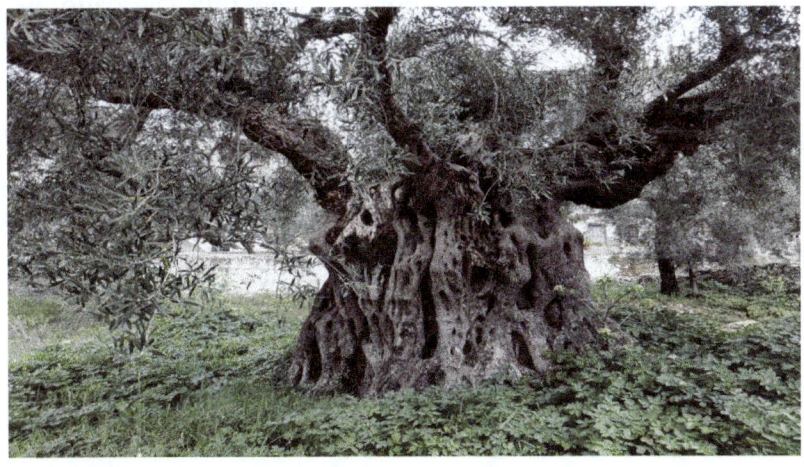

---

42 Il Lazio ha indetto un censimento ed emanato una legge di tutela degli alberi monumentali. Il Libro documenta buona parte dei monumenti naturali presenti nelle cinque province laziali.

La leggenda di Fra Diavolo a Itri

Fra tutti i briganti, non solo quelli ciociari, quello certamente più famoso e controverso fu di sicuro Michele Arcangelo Pezza, meglio noto con lo pseudonimo di Fra Diavolo. Nato a Itri il 7 aprile del 1771 e morto a Napoli, giustiziato, l'11 novembre del 1806. Non altissimo, magro e con i baffi, così ne tratteggiano l'aspetto fisico le cronache dell'epoca. Oltre che brigante fu anche un militare, soprattutto noto per aver preso parte alle insorgenze dei movimenti legittimisti sanfedisti[43]. Questa sua militanza è alla base della contraddittoria fama che ancora avvolge il suo personaggio. E ancora oggi per alcuni Fra Diavolo è stato un eroe eponimo della resistenza ai francesi, un partigiano *ante litteram*, un guerrigliero valoroso e insieme un condottiero capace. Per altri, invece, è solo un volgare brigante, un uomo irascibile e senza morale e un assassino senza scrupoli. Allora, Michele Pezza detto Fra Diavolo, fu solo un brigante o fu anche un eroe? L'interrogativo, forse, non troverà mai una risposta netta e definitiva. E ancora, Michele Pezza, nominato colonnello dell'esercito borbonico da Ferdinando IV, in cosa fu diverso, ammesso che lo fosse, dalle altre decine di briganti che depredavano, saccheggiavano, uccidevano prima di servire, e anche dopo averla servita, la causa del Regno delle due Sicilie? Secondo alcuni storici la diversità di Fra Diavolo dagli altri comuni briganti, malfattori e fuorilegge, sta nell'intimo legame

---

43 Sanfediste, erano chiamate le bande armate delle plebi rurali e cittadine, che, in nome della vecchia fede degli avi e degli antichi costumi, si sollevarono contro i Francesi e i patrioti nel regno di Napoli, provocando la sanguinosa reazione del 1799.

con la sua terra e nel suo anelito, che si fece ragione di vita, di difenderla a tutti costi. Sta nell'avere compiuto missioni impossibili, anche quando il resto dell'esercito borbonico e dei suoi comandanti si davano alla fuga. Ma è innegabile che le sue truppe fossero costituite, oltre che da idealisti e da politicizzati, anche da delinquenti comuni, sbandati senza gloria e assassini inveterati che saccheggiando i centri abitati si sono macchiati di delitti e compiuto violenze che sono poi ricadute anche sul loro comandante. Certamente, Fra Diavolo, è stato sempre un difensore della sua terra e del suo Re, anche se quest'ultimo in fin dei conti non era degno di meritare tanta fedeltà. Quindi, il dilemma eroe o brigante non verrà mai sciolto o, addirittura, è mal posto. Perché, forse, Michele Pezza è stato contemporaneamente entrambe le cose. E anche perché si può essere contemporaneamente entrambe le cose. Eroe e brigante. E nel suo intimo lui lo sapeva. E questa è solo una parte della leggenda della sua vita avventurosa e violenta. La vera leggenda, quella alla quale mi riferisco è poco nota al grande pubblico, nota invece e molto bene ai fanatici del brigante e a qualche storico. E si riferisce a quello che accadde subito dopo la sua morte. Quindi il mio breve racconto prenderà il via dai primi giorni di novembre del 1806, quando Fra Diavolo fu catturato a Baronissi e condotto prima a Salerno poi a Napoli, dove fu condannato a morte. Fu giustiziato per impiccagione in piazza del Mercato l'11 novembre, vestito con l'uniforme di brigadiere dell'esercito borbonico. Fu sepolto nella Chiesa degli Incurabili. I Borbone, alla notizia della sua morte, in segno di riconoscenza, celebrarono una funzione funebre a Palermo, dove si erano rifugiati. Ma è dopo la sua morte che le gesta di Fra Diavolo diventano leggenda vera e incredibile. Qualcuno, infatti, giurò di averlo visto, qualche giorno dopo la sua morte, in una taverna di Itri, mentre attaccava e uccideva da solo un intero drappello di soldati francesi. Qualcun'altro vide un soldato francese, scampato al massacro, che urlava senza le mani, che gli erano state amputate con un colpo di mannaia, correndo di notte per le strade di Itri, il suo paese natale… *Il est revenu! Fra Diavolo est revenue! Lui è resuscitato! Fra Diavolo è resuscitato!*

E fu così che la leggenda di Fra Diavolo continua ancora oggi, a stento contenuta in questo scarno e breve racconto.

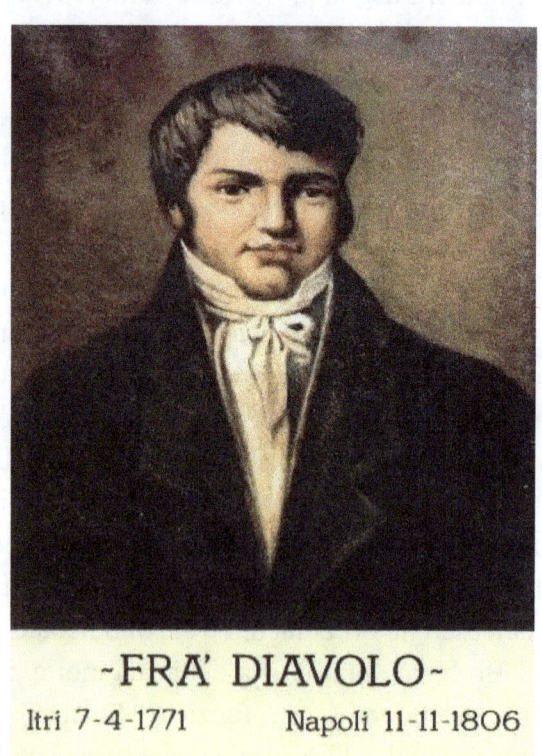

-FRA' DIAVOLO-

Itri 7-4-1771   Napoli 11-11-1806

Le gole del Melfa a Casalvieri

Il Melfa è un fiume del Lazio, affluente di sinistra del Liri, in cui si getta dopo un percorso di circa 40 km. Il Melfa è ricordato da Strabone[44] che lo definisce *grande fiume*, ponendolo vicino alla grande città di Aquino. Alcuni collegano il nome a Mefite, divinità italica, il cui culto è associato a luoghi con acque fluviali o lacustri, in qualche caso sulfuree. Questa ipotesi si ricollega al fatto che, nei pressi del Santuario di Canneto, in località *Capodacqua*, esattamente sotto la sorgente, nel 1958 furono rinvenuti i resti di un tempio dedicato a Mefite. Tuttavia questo legame pare insostenibile dal punto di vista della linguistica storica. Esistono peraltro altre attestazioni toponomastiche riconducibili alla stessa radice, come la località *Melfi* a Pontecorvo, sede di un antico luogo di culto dedicato a San Giovanni Battista, anch'esso curiosamente in prossimità del Liri; le città di Melfi e Molfetta (anticamente *Melficta*), o il *Melpum*, e forse anche Amalfi; mentre in Lucania troviamo pure l'idronimo *Melpes*. In ogni caso il significato più probabile potrebbe essere quello di *sinus*, ossia concavità, voragine della terra. Il Melfa Sgorga da un'alta roccia calcarea nella Valle di Canneto, a 1.020 m. s.l.m., nel versante laziale del parco nazionale d'Abruzzo, Lazio e Molise, sotto il Massiccio del Meta, in territorio di Settefrati. La sorgente è legata a leggende e devozioni popolari fin dall'antichità. Dopo una serie di balzi e cascatelle, percorre la Valle di Comino: tra Picinisco e Atina – dove riceve da sinistra le acque del rio Mollarino – poi Casalattico e Casalvieri.

---

[44] In *Geografia*, vol. 5, cap. 3, p. 9.

Da qui scorre per 15 km in una profonda gola scavata nelle propaggini del Monte Cairo, alla fine della quale raggiunge la valle del fiume Liri, in cui si getta nei pressi di Roccasecca.

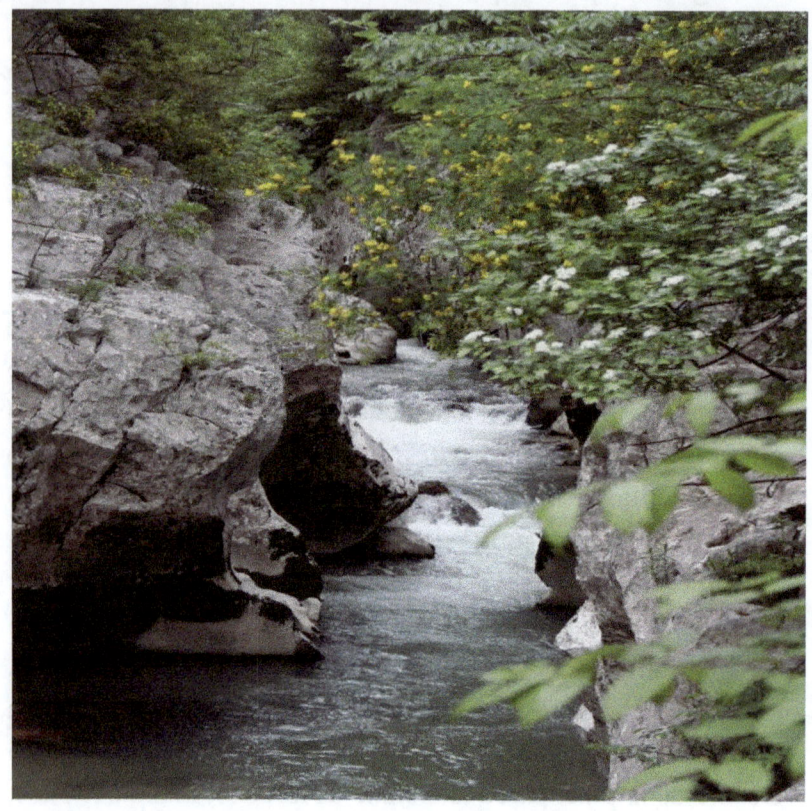

Sono proprio queste le gole del Melfa: 14 chilometri di paesaggio selvaggio tra boschi e rupi, grotte ed eremi, cascate e rapide. Un vero paradiso per gli amanti degli sport d'acqua e non solo. Un sito che la Comunità Europea ha inserito nella lista dei siti naturalistici più importanti, per la presenza di aquile, e altri rapaci, caprioli e lupi.

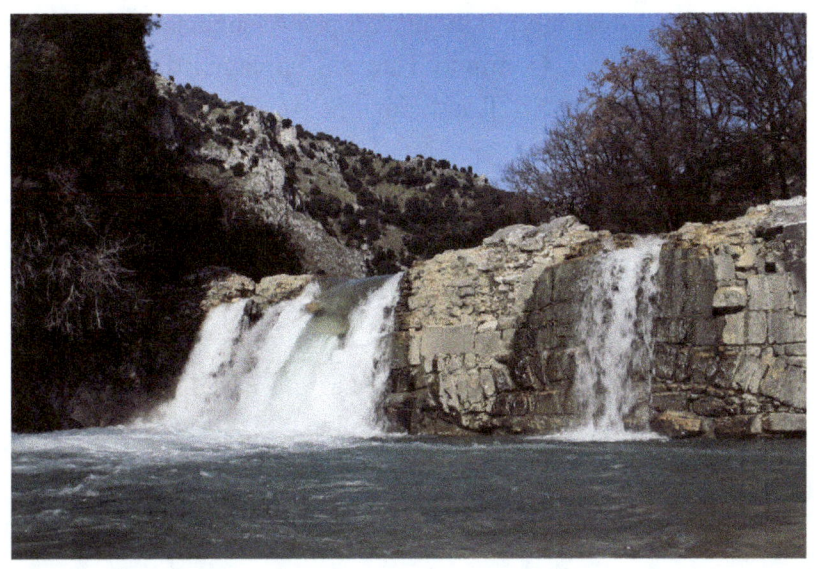

Lungo le gole del Melfa si snoda il cd. *Tracciolino*: una delle strade più antiche e caratteristiche del Lazio, *trait d'union* unico tra la Valle del Liri e la Valle di Comino.

Tutto il tratto del fiume Melfa e le sue acque, splendide e preziose, sono ora interessate dal progetto denominato *Contratto di Fiume Melfa,* la cui cabina di regia è rappresentata dall'associazione Agen.PA.. Tra i sottoscrittori pubblici dell'ambizioso manifesto di intenti figurano i comuni di Settefrati, Atina, Villa Latina, San Donato Val di Comino, Arpino, Roccasecca, Colle San Magno, Santopadre, San Biagio Saracinisco, Casalattico, Casalvieri. Vi hanno aderito anche il LAMET[45] dell'Università degli Studi di Cassino e del Lazio Meridionale, l'associazione Vivinatura, il CAI[46] sezione di Cassino, l'associazione CICAS Frosinone, l'Associazione

---

[45] Laboratorio di Analisi Merceologica e Territoriale.
[46] Il Club Alpino Italiano.

Nucleo di Protezione Civile di Atina, l'Associazione Turistica Valle di Comino e Comitato Tutela e Salvaguardia del Fiume Melfa, Acquafilette Srl, l'Associazione AGEN.PA.

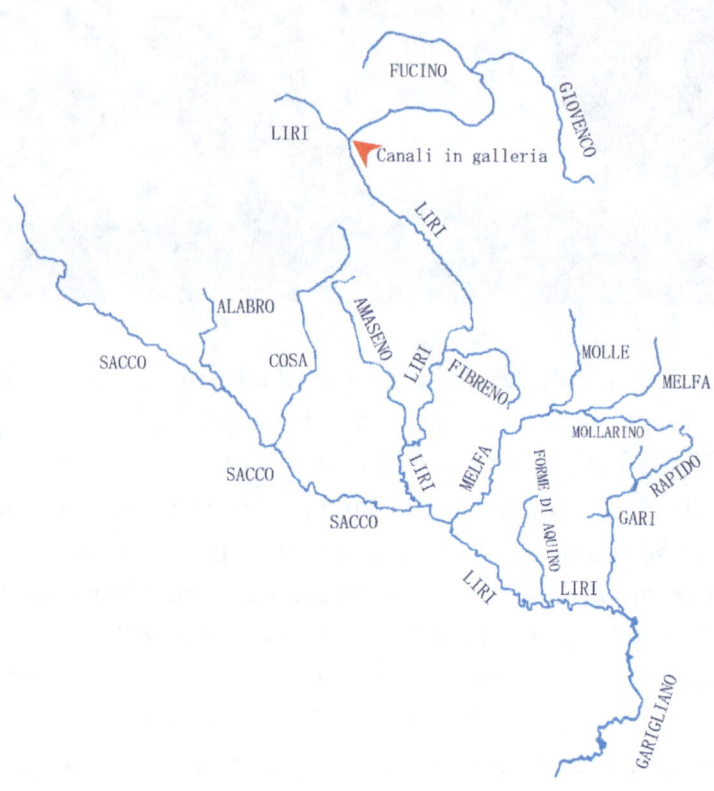

Avvertenza

Devo candidamente confessare, per l'onestà intellettuale alla quale provvedo sempre di ispirare tutte le mie attività, compresa quella letteraria, che sebbene corrette emendate e largamente rimaneggiate, alcune parti dei testi riportati in questo libro non costituiscono indistintamente *farina del mio sacco*, essendo ampi stralci dello stesso, insieme ad alcune foto, il risultato di un vasto impegnativo assai fruttuoso e imprescindibile, lavoro di ricerca e di documentazione, e provengono parzialmente o totalmente da siti enciclopedici e da siti d'arte, turismo, architettura, paleontologia, archeologia, religione, storia e geografia o, ancora, da *blog* e *forum* del mistero.

Questo assunto, ovviamente, non toglie valore anzi, a mio modesto avviso, ne aggiunge un'ulteriore dose, alla attendibilità storica e letteraria del libro, la cui funzione, voglio ricordarlo, è di pura e semplice divulgazione e valorizzazione dei paesi e dei territori che ne sono l'oggetto.

Ringrazio quindi gli *A.A.V.V.* che, inconsapevolmente, hanno contribuito in modo determinante alla buona riuscita di questo mio lavoro, fortemente caratterizzato, certo, dai risultati della mia personale e doverosa esplorazione dei posti e da un serio studio, oltre che da una certosina ricostruzione letteraria, artistica e storico geografica, ma reso possibile perfezionato e infine confezionato solo grazie alla mia spiccata e insaziabile curiosità e al mio personalissimo *intuitus personae*.

INDICE

www.ingramcontent.com/pod-product-compliance
Lightning Source LLC
Chambersburg PA
CBHW051218170526
45166CB00005B/1954